Ricardo Lobato Morchón
Ana Lahera Forteza

4º

CW01668181

VOLUMEN 3

serie
Trama

Lengua castellana y Literatura

Oxford
EDUCACIÓN

Índice de contenidos

Índice de contenidos

UNIDAD 9

CONTENIDOS DE LA UNIDAD

1. Escucha atentamente algunas cuñas de anuncios radiofónicos y contesta las siguientes cuestiones para cada una de ellas:

- ¿Qué productos o servicios se ofrecen?
- ¿Qué fórmula de tratamiento se emplea para dirigirse al receptor?
- ¿Cuántas veces se repite el nombre de la empresa anunciadora?
- ¿Se incorpora música de fondo?
- ¿Se utiliza algún eslogan? Identifícalo.
- ¿Qué datos prácticos (teléfonos, direcciones…) se aportan?
- ¿Con qué finalidad se incluyen?

2. Imagina que debes realizar una campaña publicitaria para animar a la gente a que visite el lugar en el que vives. Elabora una cuña y grábala tomando como modelo las que has escuchado en la actividad anterior.

3. Una **falacia** es un argumento engañoso o poco fiable. En ocasiones, formulamos opiniones o juicios utilizando argumentos de este tipo, pero debemos tratar de evitarlos y estar prevenidos frente a ellos.

- Escucha atentamente las opiniones e indica cuáles contienen falacias.
- Copia en tu cuaderno el siguiente cuadro y clasifica en él las falacias que has detectado.

TIPO	DESCRIPCIÓN	FALACIA
Premisa falsa	El argumento parte de una afirmación previa que no es cierta.	
Ad hominem	Ataque personal a quien sostiene una idea distinta a la propia.	
Falsa autoridad	El argumento se basa en una fuente que no es fiable.	
Ad misericordiam	Apelación personal a la piedad como argumento a favor de un trato especial.	

- ¿Cuáles de las opiniones escuchadas constituyen argumentos razonados? Clasifícalas según su tipo.
  - *a)* Ejemplos o comparaciones.
  - *b)* Argumentos de autoridad.
  - *c)* Relaciones de causa / consecuencia entre los enunciados.

4. Argumentad ahora, ordenadamente, acerca de la situación expuesta en la cartela. Debéis evitar las falacias y elaborar argumentos válidos tanto en defensa de la profesora Gómez como del alumno Esteban.

> Esteban es un estudiante de 4.º de ESO. Saca, en general, buenas notas, pero ha suspendido la asignatura de la profesora Gómez. Esta afirma que el examen estaba prácticamente en blanco, pero Esteban se juega la titulación. Si suspende, tendrá que repetir curso.

Argumentos *(profesora Gómez)*	Argumentos *(alumno Esteban)*

Dos poemas de Espriu

Ensayo de cántico en el templo

¡Oh, qué harto estoy de mi
cobarde, vieja, tan salvaje tierra,
y cómo me gustaría alejarme,
hacia el Norte,
donde dicen que la gente es limpia
y noble, culta, rica, libre,
despierta y feliz!

Entonces, en la congregación, los hermanos dirían
desaprobando: «Como el pájaro que deja el nido,
así el hombre que marcha de su hogar»,
en tanto que yo, muy lejos ya,
me reiría de la ley y de la antigua sabiduría
de este mi árido pueblo.

Mas no he de seguir jamás mi sueño
y aquí me quedaré hasta la muerte.
Pues soy también muy cobarde y salvaje
y amo además con un
desesperado dolor
esta mi pobre,
sucia, triste, desgraciada patria.

A veces

A veces es necesario y forzoso
que un hombre muera por un pueblo,
pero jamás ha de morir todo un pueblo
por un solo hombre:
recuerda esto siempre, *Sepharad*[1].

Haz que sean seguros los puentes del diálogo
e intenta comprender y amar
las distintas razones y las hablas de tus hijos.

Que la lluvia caiga lentamente en los sembrados
y pase el aire como una mano extendida,
suave y muy benigna, sobre los anchos campos.

Que *Sepharad* viva eternamente
en el orden y la paz, en el trabajo,
en la difícil y merecida
libertad.

Salvador Espriu
Antología lírica, Cátedra

[1] **Sepharad:** nombre que daban los judíos a España en la Edad Media.

Comprensión del texto

1 Escucha atentamente y lee las dos composiciones del poeta, dramaturgo y novelista catalán Salvador Espriu.

2 ¿Quién es o a qué se dedica el yo poético de *Ensayo de cántico en el templo*? Escribe las expresiones o frases del texto que te han permitido deducirlo.

3 Identifica todos los adjetivos calificativos que acompañan en este poema a los siguientes sustantivos.

a) tierra ***b)*** patria ***c)*** gente ***d)*** pueblo

4 Copia la siguiente tabla en tu cuaderno y clasifica en ella los adjetivos calificativos de la actividad 3 dependiendo de si hacen referencia al Sur, lugar donde vive el emisor, o al Norte.

Al Sur	
Al Norte	

5 ¿En qué país crees que vive el yo poético? ¿A cuáles hace referencia cuando se refiere al Norte?

6 Este poema fue publicado en el año 1954. ¿Qué régimen político se critica, por tanto, implícitamente?

7 ¿Qué anhelo o sueño expresa, en un principio, el yo poético? ¿Qué hará, sin embargo, finalmente? ¿Por qué?

8 Atiende ahora al poema *A veces,* y teniendo en cuenta tu respuesta a la actividad anterior, trata de explicar los versos 3 y 4 de esta segunda composición.

9 Localiza en ese mismo pasaje los posesivos y las formas verbales de segunda persona. ¿Quién crees que es el *tú* al que se dirige el emisor?

10 Marca cuáles de los siguientes deseos se formulan en el poema de Espriu y copia aquellos versos en los que aparecen expresados.

- Que no vuelva a repetirse la tragedia de una guerra civil. ☐
- Que se respete y valore la coexistencia de varias lenguas en España. ☐
- Que llueva copiosamente, para que termine la sequía. ☐
- Que se instaure en España una democracia que respete las libertades fundamentales. ☐

11 En los dos fragmentos de Salvador Espriu se utilizan dos símiles, dos símbolos y una metáfora, construidos a partir de las realidades que se representan en las viñetas. Localiza los cinco recursos y trata de explicar el sentido de cada uno de ellos.

12 **T** Escribe dos breves textos en los que expliques el contenido de cada uno de los poemas de Espriu.

Investigación

I **T** Los poemas de Espriu fueron escritos en catalán. Busca información en una enciclopedia o en Internet y asocia los siguientes autores gallegos, vascos y catalanes con los títulos de las obras.

Celso Emilio Ferreiro
Salvador Espriu
Gabriel Aresti
Mercé Rodoreda
Álvaro Cunqueiro

La plaça del Diamant

Longa noite de pedra

La pell de brau

Harri eta herri

Merlin e familia

II **T** Averigua qué significan en castellano los títulos anteriores y a qué género literario pertenece cada uno.

Vocabulario

13 Uno de los poemas de Salvador Espriu se titula *Ensayo de cántico en el templo*. Un *cántico* es un «canto religioso». Completa las siguientes oraciones con las palabras de la ilustración del margen, que hacen referencia a distintos tipos de cantos.

a) Todas las noches les cantaba a sus hijos una ______ para que se durmieran.

b) Salió al balcón y le cantaron una ______

c) Interpretó apasionadamente el ______ del segundo acto de la ópera.

d) Ese grupo de rock tiene algunas ______ muy románticas.

e) Se escuchó el ______ al final de la competición.

14 El poema aludido en la actividad 13 comienza con una serie de adjetivos. Completa en tu cuaderno el siguiente cuadro con un sinónimo y un antónimo de cada uno. Ten en cuenta que algunos antónimos aparecen en el propio texto.

ADJETIVO	SINÓNIMO	ANTÓNIMO	ADJETIVO	SINÓNIMO	ANTÓNIMO
cobarde			culta		
vieja			rica		
salvaje			libre		
limpia			despierta		
noble			feliz		

15 En el mismo poema aparece la palabra *congregación,* que designa a un grupo de personas. Explica las diferencias de significado entre los siguientes términos, que también se refieren a conjuntos de individuos, y escribe una oración con cada uno.

a) horda ***b)*** cuadrilla ***c)*** cofradía ***d)*** facción ***e)*** asociación

16 Localiza en los dos poemas antónimos de las siguientes palabras.

a) contingente ***b)*** maligno ***c)*** acercarse ***d)*** esperanzado ***e)*** ignorancia

17 En la composición *A veces* se insta a *Sepharad* a comprender las distintas «razones» de sus hijos. Explica el significado de las siguientes expresiones que contienen la palabra *razón* y construye una oración con cada una.

cargarse de razón — dar la razón — entrar en razón — razón de más — tener razón

Expresión

18 **T** Lee el poema de Blas de Otero y escribe un texto similar que se titule *Acción de gracias*. Para ello, ten en cuenta las indicaciones de la derecha.

Gracias

Gracias doy a la vida por haberme nacido.
Gracias doy a la vida porque vi los árboles,
[y los ríos y el mar.
Gracias en la bonanza y en la procela[1]*.*
Gracias por el camino y por la verdad.
Gracias por la contradicción y por la lucha.
Gracias por el aire y por la cárcel.
Gracias por el asombro y por la obra.
Gracias por morir; gracias por perdurar.

BLAS DE OTERO
Historias fingidas y verdaderas, Alianza

- Piensa en personas, cosas, sentimientos, acontecimientos... que puedas agradecerle a la vida.
- Comienza los dos primeros versos de tu composición diciendo «Gracias doy...».
- Del verso 3 al 8 empieza con «Gracias por...»
- Conserva el último verso del poema.

[1]**procela:** borrasca, tormenta.

Las modalidades textuales

1 Modalidades textuales

Se distinguen cinco **modalidades textuales: narración, descripción, diálogo, exposición** y **argumentación.**

En el siguiente cuadro se resumen las características de las modalidades textuales estudiadas en otros cursos. En este nos centraremos en la argumentación.

	NARRACIÓN	DESCRIPCIÓN	DIÁLOGO	EXPOSICIÓN
Definición	Texto en el que se **cuenta** una **historia** o sucesión de acontecimientos.	Texto en el que se dice **cómo es algo** o **alguien.**	Texto en el que dos o más **interlocutores** intercambian mensajes, **alternándose** en los papeles de **emisor** y **receptor.**	Texto cuya **finalidad** es **informar** o **proporcionar conocimientos al receptor** sobre un **tema.**
Tipos	■ **Narración literaria:** hechos ficticios (cuentos, novelas, poemas épicos…). ■ **Narración no literaria:** hechos reales (noticias, biografías…).	■ De **personas** (etopeya, prosopografía, retrato), **lugares** (topografía), **objetos, plantas, animales**… ■ **Objetivas** (científica) y **subjetivas** (literarias).	■ **Diálogos literarios:** personajes ficticios (en el teatro, la narrativa…). ■ **Diálogos no literarios:** personas reales (conversación, debate, tertulia, entrevista…).	■ **Exposición especializada:** para receptores con conocimientos en la materia. ■ **Exposición divulgativa:** dirigida a un receptor no especializado.
Rasgos lingüísticos	■ Pretérito perfecto simple. ■ Complementos circunstanciales de tiempo y de lugar.	■ Presente o pretérito imperfecto de indicativo. ■ Adjetivos calificativos. ■ Símiles y metáforas.	■ Pronombres personales, verbos y posesivos de segunda persona. ■ Oraciones interrogativas y exhortativas. ■ Vocativos.	■ Predominio de la tercera persona y del presente de indicativo con valor atemporal. ■ Adjetivos no valorativos. ■ Datos y cifras.

Actividades

1 Indica razonadamente la modalidad textual que aparece en el texto que puedes leer a continuación.

¿Cómo es el espacio en que vivimos?

La teoría general de la relatividad que Albert Einstein presentó al mundo en 1915 explica qué es la gravedad: un efecto de la existencia de la materia —y energía— en el universo, de modo que su presencia modifica la estructura del espacio-tiempo.

Podemos visualizar esto imaginando que el cosmos es una cama elástica. Si no hay nada encima de ella —materia—, su forma —geometría— es totalmente plana, sin deformaciones. Pero si colocamos una esfera de hierro maciza —una estrella— se distorsionará, debido a la presencia de masa. Al arrojar una canica —un planeta, una sonda espacial veremos que se desplaza en línea recta hasta encontrarse con el pliegue creado por la esfera. Entonces caerá hacia ella siguiendo la pendiente o describirá una trayectoria curva a su alrededor; estará orbitando en torno a la masa central. Es obvio que cuanta más masa tenga una estrella mayor será la distorsión del espacio-tiempo y, por tanto, la gravedad será más intensa. ¿Se puede forzar al máximo esa deformación? Sí, y eso es un agujero negro: un embudo en la tela de nuestro espacio-tiempo.

Miguel Ángel Sabadell
«Enigmáticos agujeros negros», en *Muy interesante*

2 Dentro de su modalidad, ¿a qué tipo corresponde? Señala sus rasgos lingüísticos.

2 La argumentación: concepto

Textos argumentativos

Tienen carácter argumentativo las **críticas de películas,** los **editoriales** de los periódicos, las intervenciones de los participantes en un **debate,** los **anuncios publicitarios,** etcétera.

Una **argumentación** es un **texto** en el que se aportan **razones** para justificar una **opinión.**

Las razones que se aducen reciben el nombre de **argumentos;** la opinión que se defiende se denomina **tesis.**

En los textos argumentativos, el emisor pretende **convencer** o **persuadir** al receptor de la validez de su **punto de vista.** El objeto de la argumentación ha de ser, por tanto, un asunto discutible o controvertido, que admita diferentes posturas.

Actividades

3 En los textos expositivos se informa de hechos, mientras que en las argumentaciones se justifican opiniones. Indica si en las siguientes oraciones se presentan hechos (H) u opiniones (O), y explica en cada caso por qué.

Es preferible vivir en el campo que en la ciudad. ☐
Lisboa es la capital de Portugal. ☐
Las olimpiadas se celebran cada cuatro años. ☐
Alejandro Sanz es el mejor cantante español. ☐
Fumar perjudica la salud. ☐
El amor es lo más importante en la vida. ☐
La tortilla de patata está más rica con cebolla. ☐
El *Quijote* es una novela muy aburrida. ☐

4 Lee el texto y localiza las cinco preferencias que enuncia uno de los personajes.

Paulina

Siempre quise a Paulina. En uno de mis primeros recuerdos, Paulina y yo estamos ocultos en una oscura glorieta de laureles, en un jardín con dos leones de piedra. Paulina me dijo: «Me gusta el azul, me gustan las uvas, me gusta el hielo, me gustan las rosas, me gustan los caballos blancos». Yo comprendí que mi felicidad había empezado, porque en esas preferencias podía identificarme con Paulina.

Adolfo Bioy Casares
La trama celeste, Alianza

5 El emisor del fragmento *Paulina* formula una tesis sobre el futuro de su relación. Indica cuál es y en qué argumento se apoya.

6 Expresa una opinión sobre las siguientes cuestiones y argumenta tus respuestas.

a) El color más bonito.
b) El mejor día de la semana.
c) La estación del año en la que es más fácil ser feliz.
d) La mejor canción de todos los tiempos.
e) El destino ideal para un viaje de fin de curso.

7 Formula ahora una opinión distinta sobre alguna de las cuestiones planteadas en la actividad anterior y busca nuevos argumentos para justificarla.

8 **T** Tomando como modelo las palabras de Paulina en el texto de Bioy Casares, redacta un texto en el que enumeres los gustos o preferencias que te definen.

3 La argumentación: estructura

Los **textos escritos argumentativos** presentan la siguiente **estructura:**

- **Tesis** u opinión cuya validez se pretende defender. Puede ir encabazada por expresiones como *en mi opinión, a mi juicio…*
- **Desarrollo** o **cuerpo de la argumentación,** en el que se presentan las razones o argumentos (datos, citas de autores considerados una autoridad, en la materia, ejemplos, experiencias personales) que sirven para apoyar la tesis. Cada argumento suele ir introducido por un **conector de orden** (*en primer / segundo lugar, por otra parte, por último…* —UNIDAD 8—).
- **Conclusión,** en la que se vuelve a enunciar la tesis y se añade alguna idea adicional que pueda deducirse de los argumentos. Puede ir encabezada por un **conector de consecuencia** *(por tanto, así que…).*

Argumentos y contraargumentos

Una argumentación consistente debe incluir la **refutación** de los **contraargumentos** o argumentos que sirven para apoyar la tesis contraria.

Actividades

9 Lee con atención el siguiente fragmento y contesta las cuestiones que se plantean.

Vocación

Creo que sería un astronauta muy bueno.

Para ser un buen astronauta tienes que ser inteligente, y yo soy inteligente. También tienes que entender cómo funcionan las máquinas, y yo soy bueno a la hora de entender cómo funcionan las máquinas. También te tiene que gustar estar solo en una minúscula nave espacial a miles y miles de kilómetros de la superficie de la Tierra sin que te entre pánico o claustrofobia o tengas añoranza o te vuelvas loco. Y a mí me gustan de verdad los espacios pequeños, siempre y cuando no haya nadie en ellos conmigo. A veces, cuando quiero estar solo, me meto en el armario del tendedero que hay al lado del cuarto de baño y me deslizo junto al calentador y cierro la puerta detrás de mí y me paso horas allí sentado, pensando, y eso me hace sentir muy tranquilo.

Así que yo tendría que ser un astronauta en solitario, o tener mi propia parte de la nave espacial en la que nadie más pudiese entrar.

Mark HADDON
El curioso incidente del perro a medianoche, Salamandra

- ¿Cuál es la tesis que quiere justificar el emisor?
- ¿Dónde se presenta esa tesis? Copia las palabras con las que la enuncia.
- ¿Qué párrafo del texto constituye el cuerpo de la argumentación?

10 Enumera los argumentos empleados por el emisor.

11 Señala alguna experiencia personal que sirva para justificar la tesis.

12 ¿En qué párrafo del texto se presenta la conclusión? ¿Qué idea nueva, que no aparecía en la presentación de la tesis, se añade?

13 Escribe una argumentación semejante a la del texto de Mark Haddon en la que justifiques a qué profesión o actividad querrías dedicarte en el futuro.

Examen

4 La publicidad

Publicidad y valores

- Algunos mensajes publicitarios falsean o exageran las características del producto. Un consumo responsable exige **analizar críticamente** la información de los anuncios.
- El texto o la imagen poseen, a veces, **connotaciones** que pretenden asociarse al producto para que resulte más atractivo. Estos **valores** son, entre otros, la salud, la originalidad, la ecología, el lujo, la juventud, la aventura, la alta tecnología o la seducción.

Los **textos publicitarios** tienen como objetivo **persuadir al receptor** de que **compre** un **producto, utilice** un **servicio** o **realice** determinadas **acciones.**

En la actualidad, los textos publicitarios se difunden principalmente a través de los **medios de comunicación:** prensa, radio, televisión…, con el fin de llegar al mayor número de personas posible.

En el cuadro se sintetizan los **elementos estructurales** del texto publicitario en los medios escritos y se especifican sus principales **rasgos lingüísticos.**

ELEMENTOS ESTRUCTURALES	RASGOS LINGÜÍSTICOS
■ **Eslogan** o **lema publicitario.** Frase breve y atractiva, que suele destacarse tipográficamente. Puede ir acompañada de un texto escrito más extenso. ■ **Imagen.** Establece algún tipo de relación con el texto verbal, en ocasiones insólita. ■ **Marca.** Palabra con la que se identifica un producto o compañía. Puede ir asociada a un **logotipo** o representación tipográfica de la marca.	■ Abundancia de **voces extranjeras** y **neologismos.** ■ Presencia de **enunciados sin verbo.** ■ Uso de **recursos estilísticos.** ■ Empleo de verbos en **imperativo** o en **2.ª persona,** y de **oraciones interrogativas.**

Actividades

14 ¿De qué se pretende convencer al receptor de este anuncio?

15 Indica cuál es su lema publicitario o eslogan.

16 Identifica la marca en el anuncio publicitario.

17 ¿Aparece en el anuncio un logotipo?

18 Trata de poner en palabras el sentido de la imagen del anuncio.

19 ¿Con qué valores crees que pretende asociarse el producto?

20 ¿Qué rasgos lingüísticos propios de los textos publicitarios reconoces?

21 Localiza en la prensa escrita tres anuncios en los que se reflejen algunos de los valores que suelen asociarse a los productos en los textos publicitarios.

22 Analiza los elementos estructurales y los rasgos lingüísticos de los anuncios que has propuesto en la actividad anterior.

Los signos de puntuación (I)

Observa en el cuadro los principales usos de la **coma**, el **punto**, el **punto y coma**, y los **puntos suspensivos**.

SIGNO	USOS
Coma	■ Separa los elementos de una **enumeración:** *Los cuatro puntos cardinales son: Norte, Sur, Este, Oeste.* ■ Separa el **vocativo** del resto del enunciado: *Luis, te llaman.* ■ Delimita **incisos** o **aclaraciones:** *Fran, el médico del pueblo, es un hombre muy querido aquí.* ■ Indica la **ausencia de un verbo** que se sobreentiende: *Yo llevaba falda y mis compañeras, pantalones.*

SIGNO	USOS
Punto	■ Separa **oraciones** dentro de un mismo párrafo **(punto y seguido).** ■ Separa **párrafos** dentro de un mismo texto **(punto y aparte).** ■ Señala el **final** de un texto **(punto final).**
Punto y coma	■ Separa **enunciados independientes,** pero que mantienen una **relación semántica:** *Merche no me ha saludado esta mañana; últimamente parece un poco deprimida.* ■ Separa términos de una **enumeración** en la que **ya aparecen comas:** *Yo vivo en Madrid; mis padres, en Almería; mi hermano mayor, en Milán; mi hermana, en Boston.*
Puntos suspensivos	■ Indican que una **enumeración** está **abierta** o **incompleta:** *Las preposiciones en castellano son: a, ante, bajo, con...*

Actividades

1 Lee el texto e indica qué tipo de puntos se emplean.

Recuerdos

Me encontraba acodado en la ventana mirando la plaza desierta y tiritando de frío. La casona de enfrente se me imponía con cada una de sus piedras amarillas, vigorizadas por un impulso de siglos. La hornacina rellenaba en parte su concavidad con el relieve de los cuatro guerreros, dos vencedores y dos vencidos. Me fijé en ellos con más detenimiento que de costumbre. Don Mateo solía referirse a ellos cuando afirmaba «que fueron más serios y mejores que nosotros». Los vencedores, a caballo, pregonaban con sus largas trompetas el triunfo; los vencidos se humillaban de rodillas, cargando con el peso de la derrota. Allí estaban, inmortalizados en piedra. Recordé a la madre de mi amigo, a las señoritas del Regatillo, a mi propia anfitriona... Sí, decididamente, ellos fueron más serios y mejores que nosotros. Tenía razón el señor Lesmes. Cuando menos, más serios; bastante más serios que nosotros...

Miguel Delibes
La sombra del ciprés es alargada, Destino

2 Explica el uso de la coma y del punto y coma en el texto de Miguel Delibes. ¿Cuáles de los casos que has estudiado en esta página se reflejan?

3 En el fragmento *Recuerdos* se emplean dos veces los puntos suspensivos. ¿En qué caso se trata de una enumeración abierta?

4 Añade los signos de puntuación que consideres precisos en los siguientes pasajes de la misma novela de Delibes y justifica en cada caso tu elección.

Encontré mi habitación fría destartalada envuelta en un ambiente de tristeza que lo impregnaba todo cama armario mesa y hasta mi propio ser

La noche estaba oscura y los copos descendían lentamente como si cada uno utilizara en su descenso un invisible paracaídas luego se posaban sobre la plaza o sobre los añosos álamos con una lentitud de caricia y alguno más alborotador volvía a levantar su vuelo arrastrado por el viento para tornar a posarse unos metros más allá

—¿Sabes leer Pedro?
—Sí señor

Y al apagar la luz y llenarse de lágrimas mis ojos que aguardaron a las tinieblas para no escandalizar a la materia que envolvía mi pensamiento quedó muy cerca dentro de la misma casa pero casualmente fue a parar a Fany y a los dos pececillos rojos

5 Escucha atentamente y copia en tu cuaderno el texto del dictado.

Repaso y desarrollo de competencias básicas

1 Lee los siguientes textos y justifica si las afirmaciones que se ofrecen debajo contienen hechos (H) u opiniones (O).

Provecho y perjuicio

Demades, el ateniense, condenó a un hombre de su ciudad que tenía por oficio vender las cosas necesarias para los entierros, so pretexto de que se sacaba demasiado provecho y que este provecho no podía venirle sin la muerte de mucha gente. Este juicio parece ser erróneo, pues no se saca provecho alguno sin perjuicio para otro y, por las mismas, habríase de condenar todo tipo de ganancia.

El mercader no hace buen negocio sin los desórdenes de la juventud; el labrador, sin la carestía del trigo; el arquitecto, sin la ruina de las casas; los oficiales de la justicia, sin los procesos y querellas de los hombres; el propio honor y trabajo de los ministros de la religión nace de nuestra muerte y de nuestros vicios. No se alegra ningún médico ni siquiera de la salud de sus amigos, dice el antiguo cómico griego, ni ningún soldado, de la paz de su ciudad; y así todos los demás. Y peor aún, que cada cual sondee en su interior y verá que nuestros íntimos deseos, en su mayor parte, nacen y se alimentan a expensas de los demás.

Considerando esto, se me ocurre que en modo alguno se desdice así la naturaleza de su orden general, pues consideran los físicos que el nacimiento, la nutrición y el alimento de cada cosa supone la alteración y corrupción de otra.

Michel de Montaigne
Ensayos I, Cátedra

Freno al metano

El ganado, sobre todo el vacuno, es responsable de la emisión del 37 % del metano derivado de la actividad económica, un gas de efecto invernadero 20 veces más poderoso que el CO_2. Una de sus fuentes son las reses: lo producen las bacterias de sus intestinos, y es liberado en forma de flatulencias.

El profesor de Nutrición de la Universidad de Pensilvania Alexander Hristov ha hallado una sencilla fórmula para paliar el problema: añadir un suplemento de orégano a la alimentación del ganado. Esto reduciría en un 40 % la cantidad de metano que las vacas expulsan en sus eructos y ventosidades. Además de ayudar al planeta, la dieta condimentada aumentaría la producción de leche, pues, según Hristov, procesar el metano supone una pérdida de energía para el animal que merma su capacidad lacteogeneradora.

Muy interesante

- Los médicos no se alegran de la buena salud de sus amigos. ☐
- El orégano reduce la cantidad de metano que las vacas expulsan a la atmósfera. ☐
- Fue un error que un juez ateniense condenara a un hombre que vendía lo necesario para los entierros. ☐
- Las bacterias de los intestinos de las vacas producen metano. ☐

2 Teniendo en cuenta tus respuestas de la actividad 1, clasifica los dos textos según la modalidad textual empleada.

Provecho y perjuicio →

Freno al metano →

3 Uno de los dos fragmentos es argumentativo. ¿Cuál es la tesis que pretende demostrar el autor? Escribe la frase del texto en la que aparece formulada explícitamente.

Tesis →

4 Realiza las siguientes actividades acerca del fragmento argumentativo.

- ¿En qué párrafo aparecen los argumentos que emplea el autor para justificar su opinión?
- ¿Se trata de citas de autores o de experiencias personales?

5 En el texto expositivo, indica las ideas fundamentales que pretende transmitir el emisor.

6 Identifica, en ese mismo pasaje, los rasgos lingüísticos propios de los textos expositivos.

7 Establece la estructura de ambos fragmentos.

8 ¿Qué dos modalidades textuales se combinan en el siguiente pasaje del escritor y periodista estadounidense Ambrose Bierce? Justifica tu respuesta.

Un inexplicado requerimiento

Soy el único hijo de Joel y Julia Hetman. Él era un adinerado terrateniente, ella una mujer hermosa y llena de virtudes a la que él amaba con lo que ahora soy consciente de que había sido una devoción celosa y exigente. La casa de la familia estaba a pocos kilómetros de Nashville, Tenessee; era un edificio grande, construido de una forma irregular, que no parecía respetar ningún estilo arquitectónico en particular, y que estaba un poco apartado del camino, en un terreno poblado de árboles y otra vegetación. En la época acerca de la que estoy escribiendo yo tenía diecinueve años y estudiaba en Yale. Un día recibí un telegrama de mi padre, de tal urgencia que en respuesta a su inexplicado requerimiento salí inmediatamente hacia mi casa. En la estación de ferrocarril de Nashville un familiar lejano me esperaba para ponerme al tanto de la razón de la llamada.

Ambrose Bierce
Diccionario del diablo (Relatos)
Cátedra

Cortesía de Unicef.

9 Un **folleto** es un texto breve impreso, organizado generalmente en un díptico o tríptico, con información básica sobre una organización o empresa. Observa y lee con atención este folleto y realiza las actividades:

- ¿Qué organización o institución se anuncia en este folleto? Averigua qué significa el término que la designa.
- Localiza en qué parte del folleto se ofrece información sobre las actividades de la entidad emisora.
- ¿Cuál crees que es el objetivo de este texto?

10 **T** Redacta un breve texto en el que expliques la operación matemática que aparece tanto en la primera como en la segunda página.

11 Identifica el eslogan o lema publicitario y explica su relación con la imagen de la primera página.

12 Señala qué rasgos o procedimientos lingüísticos propios de los textos publicitarios encuentras en el folleto.

PROCEDIMIENTOS LINGÜÍSTICOS

13 Justifica razonadamente qué modalidad o modalidades textuales aparecen en este folleto.

MODALIDADES TEXTUALES	JUSTIFICACIÓN

14 **T** Elige uno de los siguientes temas y escribe sobre él un texto argumentativo. Para ello, sigue estas pautas.

a) El grafiti: ¿arte o vandalismo?

b) ¿Habría que prohibir las corridas de toros?

c) ¿Deben los padres dar libertad de horario a sus hijos?

d) En un avión a punto de estrellarse van un político, un científico, un artista y un médico. ¿Quién debe salvarse?

- Fija tu tesis u opinión sobre el asunto escogido.
- Piensa tres argumentos que apoyen esta opinión.
- Redacta, en cinco párrafos, tu argumentación, de acuerdo con el siguiente esquema.

  1.er párrafo → **Tesis** → ***Conectores:*** *en mi opinión, a mi juicio…*

  2.º párrafo → **Primer argumento** → ***Conectores:*** *en primer lugar, por una parte…*

  3.º párrafo → **Segundo argumento** → ***Conectores:*** *en segundo lugar, por otra parte…*

  4.º párrafo → **Tercer argumento** → ***Conectores:*** *en tercer lugar, por último…*

  5.º párrafo → **Conclusión** → ***Conectores:*** *en conclusión, en definitiva…*

15 Organizad un debate sobre los temas anteriores siguiendo las orientaciones que se ofrecen a continuación:

- Elegid un moderador que organice las intervenciones.
- Respetad los turnos de palabra, sin interrumpiros.
- Expresad vuestros argumentos de forma clara y concisa.

16 **T** Elabora un mapa conceptual con los contenidos tratados en el bloque de Comunicación de esta unidad.

La poesía desde 1936

1 La poesía en los años cuarenta

El franquismo

Entre 1939 y 1975 España vivió bajo la **dictadura del general Franco.** Estos son algunos rasgos destacados del período:

- **Restricción de las libertades:** de expresión, de prensa, de asociación, de culto…
- **Lenta regeneración** de la **cultura española,** desgarrada por el **exilio** de algunas de las figuras más representativas, y condicionada por la **censura** y la **represión ideológica.**
- **Autarquía** y **penuria** general, que dio paso, en los **años sesenta,** a una **progresiva modernización** económica.

Durante los **años cuarenta,** predomina en la **poesía española** la expresión de **inquietudes religiosas** y **existenciales.**

La poesía de posguerra se inicia con dos poemarios de autores de la generación del 27 publicados en 1944: ***Hijos de la ira,*** de Dámaso Alonso, y ***Sombra del paraíso,*** de Vicente Aleixandre. Ambos abren el camino a poetas más jóvenes como **Blas de Otero** (*Ángel fieramente humano* o *Redoble de conciencia*).

Los libros de Alonso y Aleixandre reflejan una **visión pesimista, angustiada,** del mundo, que, regido por un dios arbitrario y cruel, se contempla como un **caos** sin sentido. Manifiestan una **disconformidad** profunda con la realidad, aunque no hacen referencia explícita a la situación política o social de España.

En otro de los libros fundamentales de este período, *La casa encendida,* de **Luis Rosales,** encontramos una vivencia menos agónica. En él se afirma la esperanza a pesar del dolor inseparable de la existencia.

Mención aparte merece **Miguel Hernández,** muerto prematuramente en la cárcel en 1942, cuyas obras (*El rayo que no cesa* o *Cancionero y romancero de ausencias*) entroncan temática y estilísticamente con la lírica del 27.

Actividades

1 Escucha atentamente y lee el siguiente poema, y explica su contenido.

Biblioteca Nacional en la Plaza de Colón de Madrid, por Antonio López.

Insomnio

Madrid es una ciudad de más de un millón de cadáveres
(según las últimas estadísticas).
A veces en la noche yo me revuelco y me incorporo en este
nicho en el que hace 45 años que me pudro,
y paso largas horas oyendo gemir al huracán, o ladrar
los perros, o fluir blandamente la luz de la luna.
Y paso largas horas gimiendo como el huracán, ladrando
como un perro enfurecido, fluyendo como la leche
de la ubre caliente de una gran vaca amarilla.
Y paso largas horas preguntándole a Dios, preguntándole
por qué se pudre lentamente mi alma,
por qué se pudren más de un millón de cadáveres
en esta ciudad de Madrid,
por qué mil millones de cadáveres se pudren lentamente
en el mundo.
Dime, ¿qué huerto quieres abonar con nuestra podredumbre?
¿Temes que se te sequen los grandes rosales del día,
las tristes azucenas letales de tus noches?

Dámaso Alonso
Antología de nuestro monstruoso mundo, Cátedra

2 Analiza los recursos estilísticos empleados en esta composición.

3 Localiza en los versos de Dámaso Alonso alguna expresión prosaica.

4 Identifica en el poema *Insomnio* todos los términos del campo asociativo de la muerte. ¿Qué otro autor utiliza la imagen de Madrid como un cementerio?

2 La poesía social

A principios de los **años cincuenta** predomina en España la **poesía social.**

Las características principales de la poesía social, cultivada por autores como **Gabriel Celaya** *(Cantos iberos)*, **Blas de Otero** *(Pido la paz y la palabra)* y, en menor medida, **José Hierro** *(Quinta del 42)*, son las siguientes:

- La literatura se concibe como **instrumento de transformación política** y **social.** Se trata, por lo tanto, de una **poesía comprometida** que da testimonio crítico de la realidad de la época para agitar las conciencias.
- Pretende **denunciar** las **injusticias sociales** y la **falta de libertad,** y huye, en consecuencia, de la expresión autobiográfica de sentimientos.
- La voluntad de escribir una poesía útil, que llegue «a la inmensa mayoría», se traduce en el empleo de un **lenguaje claro,** deliberadamente **prosaico.**

Otras tendencias

Durante los años cuarenta y cincuenta surgen otras corrientes poéticas:

- El **grupo *Cántico*,** formado por los cordobeses Pablo García Baena y Ricardo Molina, que cultivan una poesía esteticista de corte modernista.
- El **surrealismo** de Carlos Edmundo de Ory, Juan Eduardo Cirlot y Miguel Labordeta.

Actividades

5 Escucha y lee la siguiente composición de Gabriel Celaya y explica su título.

La poesía es un arma cargada de futuro

Porque vivimos a golpes, porque apenas si nos dejan
decir que somos quien somos,
nuestros cantares no pueden ser sin pecado un adorno.
Estamos tocando el fondo.

Maldigo la poesía concebida como un lujo
cultural por los neutrales
que, lavándose las manos, se desentienden y evaden.
Maldigo la poesía de quien no toma partido hasta mancharse.

Hago mías las faltas. Siento en mí a cuantos sufren
y canto respirando.
Canto, y canto, y cantando más allá de mis penas
personales, me ensancho.

Quisiera daros vida, provocar nuevos actos,
y calculo por eso con técnica, qué puedo.
Me siento un ingeniero del verso y un obrero
que trabaja con otros a España en sus aceros.

Tal es mi poesía: poesía-herramienta
a la vez que latido de lo unánime y lo ciego.
Tal es, arma cargada de futuro expansivo
con que te apunto al pecho.

Gabriel Celaya
Poesía urgente, Losada

Collage, por Antonio Berni.

6 Identifica en el poema los versos en los que aparecen los siguientes temas.

a) El rechazo a una poesía bella pero evasiva.

b) El propósito de concienciar al lector para que actúe contra la injusticia.

c) La denuncia de la falta de libertad.

d) La pretensión de convertirse en portavoz de los sufrimientos de los otros.

e) La necesidad de sortear la censura para poder difundir el mensaje.

7 Determina el esquema métrico de la primera estrofa y localiza todos los recursos estilísticos empleados.

3 Los poetas del medio siglo

Autores destacados

Algunos poetas del medio siglo son **Ángel González, José Ángel Valente, Jaime Gil de Biedma, Claudio Rodríguez** o **José Agustín Goytisolo,** entre otros.

A **finales de los años cincuenta** irrumpe una **nueva promoción de poetas** nacidos inmediatamente antes de la Guerra Civil.

Los poetas del medio siglo inician su andadura dentro de los principios de la poesía social. Sin embargo, en sus obras se afianzan desde muy pronto algunas características específicas:

- Desaparece el compromiso ideológico explícito y, a cambio, vuelve a cobrar importancia el **componente autobiográfico,** en un intento de integrar la **vivencia individual** en la **circunstancia histórica.**
- Los **temas** que aparecen con mayor frecuencia en la poesía del medio siglo son los siguientes:
  - El **amor** y el **erotismo.**
  - El **paso del tiempo** y la evocación de la **infancia** o la **adolescencia.**
  - La **realidad social de España,** a menudo como fondo sobre el que se recortan las experiencias personales.
- El **lenguaje, conversacional** e **intimista,** contrasta con el tono declamatorio de los poetas sociales.

En la lírica del medio siglo se aprecia la influencia de Antonio Machado y de Luis Cernuda.

Actividades

8 Escucha atentamente y lee el poema de Ángel González. A continuación, realiza las actividades que se proponen debajo.

Inventario de lugares propicios para el amor

Son pocos.
La primavera está muy prestigiada, pero
es mejor el verano.
Y también esas grietas que el otoño
forma al interceder con los domingos
en algunas ciudades
ya de por sí amarillas como plátanos.
El invierno elimina muchos sitios;
quicios de puertas orientadas al Norte,
orillas de los ríos,
bancos públicos.
Los contrafuertes exteriores
de las viejas iglesias
dejan a veces huecos
utilizables aunque caiga nieve.
Pero desengañémonos: las bajas
temperaturas y los vientos húmedos
lo dificultan todo.
Las ordenanzas, además, proscriben
la caricia (con exenciones
para determinadas zonas epidérmicas
—sin interés alguno—
en niños, perros y otros animales)
y el «no tocar, peligro de ignominia»
puede leerse en miles de miradas.
¿A dónde huir, entonces?
Por todas partes ojos bizcos,
córneas torturadas,
implacables pupilas,
retinas reticentes,
vigilan, desconfían, amenazan.
Queda quizá el recurso de andar solo,
de vaciar el alma de ternura
y llenarla de hastío o indiferencia,
en este tiempo hostil, propicio al odio.

Ángel González
Poesías, Cátedra

Doble retrato, **por Oskar Kokoschka.**

- **T** Especifica el tema del poema y explica brevemente su contenido.
- ¿En qué versos se hace evidente la referencia a la España de la época? Justifica tu respuesta.
- Analiza los recursos estilísticos empleados en los versos de Ángel González.

Repaso y desarrollo de competencias básicas

1 Lee con atención los siguientes poemas y contesta las cuestiones que se plantean debajo.

***Danae*, por Egon Schiele.**

Canción última

Pintada, no vacía:
pintada está mi casa
del color de las grandes
pasiones y desgracias.

Regresará del llanto
adonde fue llevada
con su desierta mesa
con su ruidosa cama.

Florecerán los besos
sobre las almohadas.
Y en torno de los cuerpos
elevará la sábana
su intensa enredadera
nocturna, perfumada.

El odio se amortigua
detrás de la ventana.
Será la garra suave.
Dejadme la esperanza.

Miguel HERNÁNDEZ
El hombre acecha. Cancionero y romancero de ausencias
Cátedra

Fe de vida

Sé que el invierno está aquí,
detrás de esa puerta. Sé
que si ahora saliese fuera
lo hallaría todo muerto
luchando por renacer.
Sé que si busco una rama
no la encontraré.
Sé que si busco una mano
que me salve del olvido
no la encontraré.
Sé que si busco al que fui
no lo encontraré.
Pero estoy aquí, me muevo,
vivo. Me llamo José
Hierro. Alegría. (Alegría
que está caída a mis pies.)
Nada en orden. Todo roto,
a punto de ya no ser.
Pero toco la alegría,
porque aunque todo esté muerto
yo aún estoy vivo y lo sé.

José HIERRO
Antología Poética
Espasa Calpe

- ¿Cómo se enfrenta al sufrimiento el yo poético en la composición *Canción última?*
- ¿Por qué, en el poema *Fe de vida*, el emisor se siente, a pesar de todo, contento?

2 El primer poema fue compuesto mientras su autor luchaba en la Guerra Civil; el segundo, en la primera posguerra. A partir de estos datos trata de explicar el contenido de cada uno de ellos.

3 Lee ahora esta composición de José Ángel Valente y realiza las actividades que se proponen debajo.

No inútilmente

Contemplo yo a mi vez la diferencia
entre el hombre y su sueño de más vida,
la solidez gremial de la injusticia,
la candidez azul de las palabras.

No hemos llegado lejos, pues con razón me dices
que no son suficientes las palabras
para hacernos más libres.

Te respondo
que todavía no sabemos
hasta cuándo o hasta dónde
puede llegar una palabra,
quién la recogerá ni de qué boca
con suficiente fe
para darle su forma verdadera.

Haber llevado el fuego un solo instante
razón nos da de la esperanza.

Pues más allá de nuestro sueño
las palabras, que no nos pertenecen,
se asocian como nubes
que un día el viento precipita
sobre la tierra
para cambiar, no inútilmente, el mundo.

José Ángel VALENTE
Obra poética, Alianza

4 El poema se presenta como un diálogo implícito entre el yo poético y un interlocutor. Localiza en el texto las marcas de 1.ª y 2.ª persona, y completa la tabla.

	PRONOMBRES PERSONALES	PRONOMBRES POSESIVOS	FORMAS VERBALES
1.ª persona			
2.ª persona			

5 ¿Qué opina el interlocutor sobre la eficacia de las palabras en la lucha contra la injusticia? ¿Y el yo poético?

6 ¿Qué corriente posterior a la Guerra Civil defendía que la poesía debía servir «para hacernos más libres»?

7 En la composición de Valente existe cierto cuestionamiento de esta idea. ¿En qué momento de la evolución de la lírica de posguerra lo situarías?

8 Analiza la métrica de los cuatro primeros versos de la composición de Valente.

9 ¿Qué recursos estilísticos se emplean en los tres poemas?

10 **T** Elabora un mapa conceptual con los contenidos de la parte de Educación literaria de esta unidad.

Poemas contemporáneos

Déjame

Me haces daño, Señor. Quita tu mano
de encima. Déjame con mi vacío,
déjame. Para abismo, con el mío
tengo bastante. Oh Dios, si eres humano,

compadécete ya, quita esa mano
de encima. No me sirve. Me da frío
y miedo. Si eres Dios, yo soy tan mío
como tú. Y a soberbio, yo te gano.

Déjame. ¡Si pudiese yo matarte,
como haces tú, como haces tú! Nos coges
con las dos manos, nos ahogas. Matas

no se sabe por qué. Quiero cortarte
las manos. Esas manos que son trojes[1]
del hambre, y de los hombres quc arrebatas.

Blas de Otero
Ancia, Visor

[1]**trojes:** espacios limitados por tabiques, para guardar frutos y cereales.

Noches del mes de junio

Alguna vez recuerdo
ciertas noches de junio de aquel año,
casi borrosas, de mi adolescencia
(era en mil novecientos me parece
cuarenta y nueve)
porque en ese mes
sentía siempre una inquietud, una angustia pequeña
lo mismo que el calor que empezaba,
nada más

que la especial sonoridad del aire
y una disposición vagamente afectiva.
Eran las noches incurables
y la calentura.

Las altas horas de estudiante solo
y el libro intempestivo
junto al balcón abierto de par en par (la calle
recién regada desaparecía
abajo, entre el follaje iluminado)
sin un alma que llevar a la boca.

Cuántas veces me acuerdo
de vosotras, lejanas
noches del mes de junio, cuántas veces
me saltaron las lágrimas, las lágrimas
por ser más que un hombre, cuánto quise
morir,

o soñé con venderme al diablo,
que nunca me escuchó.
Pero también
la vida nos sujeta porque precisamente
no es como la esperábamos.

Jaime Gil de Biedma
Las personas del verbo, Seix Barral

Análisis del contenido

1 Escucha atentamente y lee el poema *Déjame* de Blas de Otero.

2 ¿Cuáles de los sustantivos del recuadro definen mejor la actitud del yo poético hacia la divinidad. A continuación, justifica tu selección con expresiones del texto.

respeto incomprensión indignación desafío sumisión rebeldía amor

3 ¿En qué consiste el reproche que formula el emisor en las dos últimas estrofas?

4 Escucha ahora y lee el poema *Noches del mes de junio,* de Jaime Gil de Biedma.

5 Contesta las siguientes cuestiones sobre el texto del poeta catalán.

- ¿Qué evoca, con nostalgia, el emisor?
- ¿Cómo se sentía en esos días? Justifica tu respuesta con versos de la composición.
- ¿Cuál es la razón de esos sentimientos? ¿Cómo lo has deducido?

6 Trata de explicar el sentido de los siguientes versos del texto de Gil de Biedma.

a) *Una disposición vagamente afectiva.* (v. 11)

b) *Sin un alma que llevar a la boca.* (v. 19)

c) *O soñé con venderme al diablo, / que nunca me escuchó.* (vv. 26-27)

7 ¿Crees que se han cumplido los sueños de juventud del emisor? ¿Qué lectura positiva hace de ello el yo poético?

8 A partir de tus respuestas a las actividades anteriores, trata de formular con precisión el tema de cada uno de los dos textos.

Análisis de la forma

9 Identifica todos los encabalgamientos del primer poema.

10 Escribe todos los sustantivos y frases que se repiten en esa composición.

11 Localiza en el texto de Blas de Otero una paradoja y una metáfora.

12 Realiza el análisis métrico completo de la composición *Déjame.* ¿De qué tipo de poema se trata?

13 Identifica en el poema de Jaime Gil de Biedma ejemplos de los siguientes recursos estilísticos.

a) Hipérbaton. ***b)*** Símil. ***c)*** Personificación.

14 ¿Reconoces algún tipo de rima en el poema *Noches del mes de junio*? ¿Qué clase de estructura métrica presenta?

Relación con el contexto

15 Copia en tu cuaderno el siguiente cuadro y complétalo con las semejanzas y las diferencias que encuentres entre los poemas *Déjame* e *Insomnio* (has leído este último en las páginas de *Educación literaria* de esta unidad).

	ASUNTO	RECURSOS	MÉTRICA
Déjame			
Insomnio			

16 Teniendo en cuenta tu respuesta a la actividad 8, sitúa ambos poemas en la evolución de la lírica posterior a la Guerra Civil.

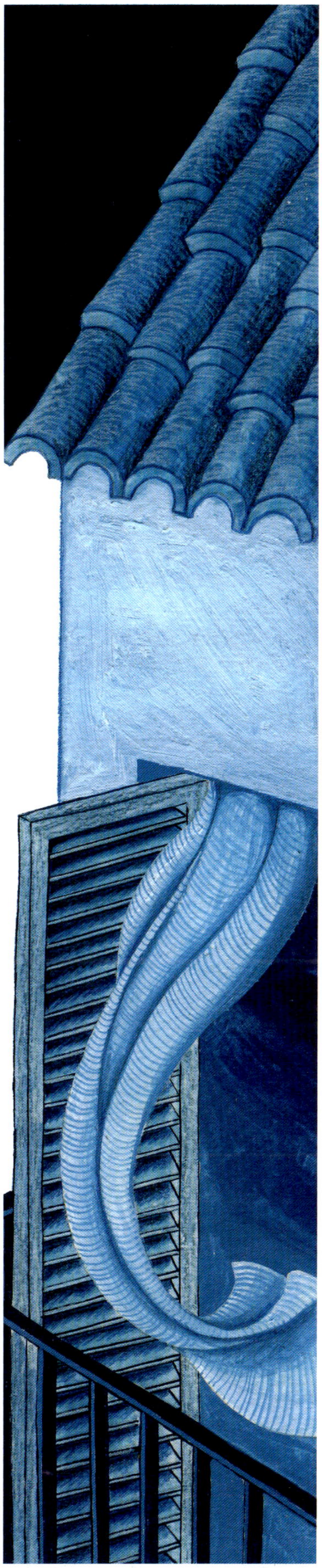

La poesía actual

Tras la muerte de Franco y la aprobación de la Constitución de 1978, España se convirtió en una democracia. La lírica de estos últimos años presenta una gran diversidad de temas y estilos. En estas páginas te presentamos algunos poemas representativos de las tendencias más destacadas.

Los Novísimos En los últimos años del franquismo se publicaron los primeros libros de los llamados poetas novísimos (**Pere Gimferrer, Luis Antonio de Villena, Guillermo Carnero, Antonio Colinas, Luis Alberto de Cuenca, Leopoldo María Panero, Ana M.ª Moix, Manuel Vázquez Montalbán, Antonio Martínez Sarrión, Vicente Molina Foix…**). Su poesía, hermética y esteticista, entronca con el modernismo y el surrealismo.

Labios bellos, ámbar suave

Con solo verte una vez te otorgué un nombre,
para ti levanté una bella historia humana.
Una casa entre árboles y amor a medianoche,
un deseo y un libro, las rosas del placer
y la desidia. Imaginé tu cuerpo
tan dulce en el estío, bañado entre las
viñas, un beso fugitivo y aquel espera
no te vayas aún, aún es temprano.
Te llegué a ver totalmente a mi lado.
El aire oreaba tu cabello, y fue solo
pasar, apenas un minuto y ya dejarte.
Todo un amor, jazmín de un solo instante.
Mas es grato saber que nos tuvo un deseo,
y que no hubo futuro, ni presente ni pasado.

Luis Antonio de Villena
La belleza impura, Visor

***Autorretrato*, por Egon Schiele.**

By love possessed

Me dio un beso y era suave como la bruma
dulce como una descarga eléctrica
como un beso en los ojos cerrados
como los veleros al atardecer
pálida señorita del paraguas
por dos veces he creído verla su vestido
estampado el bolso el pelo corto y aquella
forma de andar muy en el borde de la acera
Como las banderolas caídas en los yates de lujo
las ampollas de morfina en los cuartos cerrados
de los hoteles
estar enamorado es una música una droga es
como escribir un poema
por ti los dulces dogos del amor y su herida
carmesí
Los uniformes grises de los policías los cascos
las cargas los camiones los jeeps los gases
lacrimógenos
aquel año te amé como nunca llevabas un
vestido verde y por las mañanas sonreías
Violines oscuros violines del agua
todo el mundo que cabe en el zumbido de una
línea telefónica
los silfos en el aire la seda y sus relámpagos
las alucinaciones en pleno día como viendo
fantasmas luminosos
como palpando un cuerpo astral
desde las ventanas de mi cuarto de estudiante
y muy despacio los visillos
con antifaz un rostro me miraba
el jardín un rubí bajo la lluvia

Pere Gimferrer
Poemas (1962-1969), Visor

1 Escucha atentamente y lee la composición de Luis Antonio de Villena. ¿Qué imagina el emisor cuando ve al *tú* al que se dirige? Explica qué ocurrió entre ellos.

2 ¿Qué crees que es más importante para el emisor: la realidad o el deseo?

3 Escucha ahora y lee el poema de Pere Gimferrer e identifica las metáforas y los símiles empleados.

4 ¿Qué sentimientos expresa el yo poético en el poema *By love possessed*? Explícalos con tus propias palabras.

5 Recuerda las características de las vanguardias (Unidades 7 y 8) y reconoce algunas en el texto de Gimferrer.

POESÍA DE LA EXPERIENCIA En los **años ochenta** se dan a conocer algunos poetas (**Luis García Montero, Felipe Benítez Reyes**…) que reconocen como maestros a los autores del medio siglo. Escriben una lírica caracterizada por la expresión directa de sentimientos, la inclusión de elementos narrativos y el tono conversacional. Algunos poetas que iniciaron su trayectoria dentro de esta tendencia (**Carlos Marzal, Vicente Gallego…**) han evolucionado en sus últimos libros hacia una poesía más honda y meditativa.

Amantes, por Pang Xunqin.

Tú me llamas, amor, yo cojo un taxi…

Tú me llamas, amor, yo cojo un taxi,
cruzo la desmedida realidad
de febrero por verte,
el mundo transitorio que me ofrece
un asiento de atrás,
su refugiada bóveda de sueños,
luces intermitentes como conversaciones,
letreros encendidos en la brisa,
que no son el destino,
pero que están escritos encima de nosotros. […]
Yo vengo sin idiomas desde mi soledad,
y sin idiomas voy hacia la tuya.
No hay nada que decir,
pero supongo
que hablaremos desnudos sobre esto,
algo después, quitándole importancia,
avivando los ritmos del pasado,
las cosas que están lejos
y que ya no nos duelen.

Luis GARCÍA MONTERO
Casi cien poemas, Hiperión

6 Escucha atentamente y lee la composición del poeta granadino Luis García Montero.

7 Mide los versos de la primera estrofa y comprueba si se observa alguna regularidad métrica.

8 T Resume en tres o cuatro líneas la historia de amor que se cuenta en estos versos.

POESÍA DEL SILENCIO Poetas de muy diversas generaciones (**José Ángel Valente, Antonio Gamoneda, Jaime Siles, Andrés Sánchez Robayna, Ada Salas**…) han cultivado una poesía caracterizada por la **concisión** y **depuración formal**, en la que la **indagación metafísica** se combina con la **reflexión sobre el lenguaje.**

Las nubes

Pasan las nubes blancas. En la tierra
indescifrable, el matorral oscuro,
la fijeza del tojo. Arriba, el cuerpo errante
del cúmulo en el nudo de la luz.

Pasar, como las nubes,
los cielos arrasados del verano tardío,
atrevesar la claridad, herido,
en los ojos dolor, un cardo entre las manos.

Andrés SÁNCHEZ ROBAYNA
Poemas (1970-1999), Galaxia Gutenberg

No limpian las palabras

No limpian las palabras.
Alumbran una isla en el lugar
del miedo y extienden una rama
al paso de los pájaros. Acogen
cuanto nace del hambre de las cosas
y mueren en silencio.
Pero su amor no limpia.

Como no limpia el llanto el rastro
de estar vivos.

Ada SALAS
La sed, Hiperión

Rostros de América, por Oswaldo Guayasamin.

9 Escucha atentamente y lee los poemas de Andrés Sánchez Robayna y Ada Salas.

10 ¿Qué crees que define la voz poética en la segunda estrofa de *Las nubes*?

11 Interpreta los versos 2 a 6 del segundo poema y explica para qué sirven las palabras, según el emisor. ¿Qué es, sin embargo, lo que no consiguen?

12 ¿Qué visión de la existencia se manifiesta en los dos últimos versos del poema de Ada Salas?

UNIDAD 10

CONTENIDOS DE LA UNIDAD

- ESCUCHAR Y HABLAR. LEER Y ESCRIBIR
- COMUNICACIÓN

Textos de los medios de comunicación

1. Los géneros periodísticos
2. El artículo periodístico
3. El editorial
4. Las cartas al director

ORTOGRAFÍA. Los signos de puntuación (II)

- EDUCACIÓN LITERARIA

El teatro desde 1936

1. Mihura y la comedia del disparate
2. Buero Vallejo y el teatro social
3. Arrabal y el teatro experimental

COMENTARIO DE TEXTO. *Historia de una escalera*

1. Lee el siguiente texto en voz alta y fíjate en si lo entiendes completamente.

Paracetamol
El paracetamol es un analgésico y antipirético que pertenece al grupo de los no narcóticos y, por tanto, no produce la dependencia psicogénica ni física característica de los analgésicos adictivos.

2. Escucha ahora la explicación oral del mismo componente y escribe, utilizando tus propias palabras, una definición de paracetamol más comprensible.

3. Observa en el cuadro las estrategias utilizadas en la exposición que has escuchado y transforma los textos escritos que figuran debajo en explicaciones orales. Antes, tendrás que documentarte sobre cada uno de los temas.

ESTRATEGIAS DE LA EXPLICACIÓN ORAL
■ Formula varias veces, de diferente forma, la **idea principal.**
■ Incluye las **definiciones** de las palabras más difíciles.
■ Incorpora **comparaciones** y **ejemplos** que faciliten la comprensión.
■ Repite las **palabras** que consideres más **importantes.**
■ Concluye con una **síntesis** que recoja el contenido esencial del texto.

Pleistoceno
Se denomina así la primera de las dos épocas en las que se divide el período cuaternario; en esta etapa aparecen ya restos fósiles humanos y vestigios de culturas prehistóricas.

Metro
Unidad de longitud, base del sistema métrico decimal. Se determinó dividiendo en diez millones de partes iguales la longitud del cuadrante del meridiano que pasa por París.

4. Escoged uno de los siguientes temas y preparad, por parejas, una presentación oral del mismo.

a) La energía nuclear.
b) Las leyes antitabaco.
c) La investigación con células madre.
d) El uso del *hiyab* en la escuela.

- Uno de vosotros (ponente A) deberá limitarse a informar sobre el tema; el otro (ponente B) deberá valorar y opinar sobre él. La exposición de cada miembro de la pareja no durará más de cuatro minutos.
- Para preparar y realizar la exposición, seguid estas pautas.

PONENTE A	PONENTE B
■ Documéntate sobre el tema y expón algunos **datos objetivos.**	■ Adopta una **postura razonada** sobre la cuestión.
■ Utiliza la **3.ª persona** en pronombres, adjetivos posesivos y verbos.	■ Utiliza la **1.ª persona** en pronombres, adjetivos posesivos y verbos.
■ Emplea **adjetivos de carácter objetivo:** *juvenil, diario, europeo…*	■ Emplea **adjetivos valorativos:** *interesante, bueno, estricto…*

- Ambos ponentes debéis ajustaros al siguiente esquema o guión.

PONENTE A
Voy a hablar sobre ______
En primer lugar, ______
En segundo lugar, ______
Los problemas que se plantean son ______
En definitiva, ______

PONENTE B
En mi opinión, ______
En primer lugar, ______
En segundo lugar, ______
Por ejemplo, ______
Por lo tanto, ______

Esperando a Godot

VLADIMIR.—No se marche todavía.

POZZO.—Me voy.

VLADIMIR.—¿Qué hacen cuando caen en donde nadie puede ayudarles?

POZZO.—Esperamos a poder levantarnos. Después proseguimos la marcha.

VLADIMIR.—Antes de irse, dígale que cante.

POZZO.—¿A quién?

VLADIMIR.—A Lucky.

POZZO.—¿Que cante?

VLADIMIR.—Sí. O que piense. O que recite.

POZZO.—Pero si es mudo.

VLADIMIR.—¡Mudo!

POZZO.—Absolutamente. Ni siquiera puede gemir.

VLADIMIR.—¡Mudo! ¿Desde cuándo?

POZZO.—*(Furioso, de repente.)* ¿No ha terminado de envenenarme con sus historias sobre el tiempo? ¡Insensato! ¡Cuándo! ¡Cuándo! Un día. ¿No le basta? Un día como otro cualquiera se volvió mudo, un día me volví ciego, un día nos volveremos sordos, un día nacimos, un día moriremos, el mismo día, el mismo instante, ¿no le basta? *(Más calmado.)* Se da a luz a caballo sobre una tumba, el día brilla por un instante y, después, de nuevo la noche. ¡En marcha!

(Salen. VLADIMIR *les sigue hasta el límite del escenario, mira cómo se alejan. Ruido de caída, subrayado por la mímica de* VLADIMIR, *anuncia que han caído otra vez. Silencio.* VLADIMIR *va hacia* ESTRAGÓN, *le contempla un momento, después lo despierta.)*

ESTRAGÓN.—*(Gestos alocados, palabras incoherentes. Por fin:)* ¿Por qué nunca me dejas dormir?

VLADIMIR.—Me sentía solo.

ESTRAGÓN.—Soñaba que era feliz.

VLADIMIR.—Esto nos ha servido para pasar el rato.

ESTRAGÓN.—Soñaba que...

VLADIMIR.—¡Cállate! *(Silencio.)* [...] ¿Habré dormido mientras los otros sufrían? ¿Acaso duermo en este instante? Mañana, cuando crea despertar, ¿qué diré acerca de este día? ¿Que he esperado a Godot, con Estragón, mi amigo, hasta que cayó la noche? ¿Que ha pasado Pozzo, con su criado, y que nos ha hablado? Sin duda. Pero, ¿qué habrá de verdad en todo esto? *(*ESTRAGÓN, *que en vano se ha empeñado en descalzarse, vuelve a adormecerse.* VLADIMIR *lo mira. [...] Va y viene, agitado; por fin se detiene cerca de la lateral izquierda; mira a lo lejos. Por la derecha, el muchacho de la víspera. Se detiene. Silencio.)*

VLADIMIR.—¿De parte del señor Godot?

MUCHACHO.—Sí, señor.

VLADIMIR.—¿No vendrá esta noche?

MUCHACHO.—No, señor.

VLADIMIR.—Pero vendrá mañana.

MUCHACHO.—Sí, señor.

Samuel BECKETT
Esperando a Godot, Tusquets

Comprensión del texto

1 Escucha con atención y lee el fragmento de la obra *Esperando a Godot,* de Samuel Beckett.

2 Escribe los nombres de todos los personajes que aparecen en el texto.

3 Completa ahora con los nombres que has escrito en la actividad 2 la oración del recuadro, en la que se resume el argumento de esta escena.

> Mientras ______ y ______ esperan a ______ , pasan por allí ______ y ______ ; finalmente, llega un ______ para decirles que ______ no acudirá a la cita.

4 ¿Qué viñeta refleja mejor la situación en la que se encuentran los personajes al principio del texto? Justifica tu respuesta.

5 Contesta las siguientes cuestiones sobre Pozzo y Lucky:

- ¿Qué discapacidades físicas presentan estos dos personajes?
- ¿Qué relación existe entre ellos?
- ¿Qué les ocurre una y otra vez mientras caminan? Justifica tu respuesta con al menos dos frases del texto.

6 Lee ahora la intervención más larga de Pozzo y realiza las siguientes actividades:

- Explica el valor simbólico de las siguientes palabras en el pasaje.
  a) caballo ***b)*** día ***c)*** noche
- ¿Qué tópico literario se presenta?
- ¿Por qué afirma que se da a luz «sobre una tumba»?
- Especifica qué recurso estilístico basado en la repetición se emplea aquí.

7 Di si las siguientes afirmaciones son verdaderas (V) o son falsas (F). Justifica tus respuestas.

Vladimir nunca necesita la compañía de otros seres humanos. ☐

Estragón se considera un hombre feliz. ☐

Vladimir y Estragón están siempre aburridos. ☐

8 Explica ahora qué tópico —que da título a una obra del dramaturgo barroco español Pedro Calderón de la Barca que estudiaste el curso pasado— aparece aludido en el parlamento más extenso de Vladimir.

9 ¿Crees que el muchacho ha avisado ya en otras ocasiones de que Godot no acudirá? ¿Qué sucederá al día siguiente? Justifica tus respuestas.

10 *Esperando a Godot* pertenece al teatro simbólico, que exige ser interpretado.

- ¿A qué crees que puede hacer referencia el personaje de Godot?
- ¿A quiénes representan Vladimir y Estragón?

Investigación

I **T** Busca información en una enciclopedia o en Internet sobre Samuel Beckett y completa la información del siguiente recuadro.

> - Beckett fue secretario del escritor ______
> - Era de nacionalidad ____, pero escribió algunas obras en ______
> - Autor de novelas como ______ y ______, obtuvo el Premio Nobel en ______

II **T** *Esperando a Godot* se inscribe dentro de una fórmula dramática denominada **teatro del absurdo,** cultivada también por el escritor rumano **Eugène Ionesco.** Infórmate sobre este dramaturgo y cita al menos tres de sus obras.

Vocabulario

11 Vladimir le pide a Lucky «que recite». Combina cada uno de los verbos del recuadro de la izquierda con el sintagma nominal correspondiente del de la derecha y construye oraciones de al menos diez palabras.

recitar · entornar · referir · pronunciar · balbucear	una melodía · una historia · una excusa · un discurso · un poema

12 «Se da a luz a caballo sobre una tumba», dice Pozzo a propósito de la existencia humana. Relaciona las siguientes palabras, que designan tipos de sepulturas o construcciones funerarias, con la ilustración correspondiente.

túmulo · sarcófago · mausoleo · mastaba · nicho · catafalco

13 En el texto aparecen los verbos *seguir* y *proseguir*. Fíjate en los siguientes pares y aclara, en cada caso, las diferencias de significado.

- *a)* pugnar / propugnar
- *b)* rogar / prorrogar
- *c)* pender / propender
- *d)* pagar / propagar
- *e)* pulsar / propulsar
- *f)* venir / provenir

14 «¿De parte del señor Godot?», pregunta Vladimir al muchacho. Especifica el significado de las expresiones de la cartela que incluyen la palabra *parte*, y empléalas después, correctamente, en las oraciones propuestas.

- *a)* Si quiere aprobar, tendrá que ______
- *b)* El representante del jugador se llevó ______
- *c)* Te equivocas ______: yo nunca dije eso.
- *d)* ______ Mariana está muy rara conmigo.
- *e)* Ponte siempre ______ los más débiles.

de parte de
de un tiempo a esta parte
de parte a parte
poner algo de su parte
la parte del león

Expresión

15 T Supón que un día aparece al fin Godot e imagina el diálogo que podrían mantener con él Vladimir y Estragón. Sigue, para ello, las pautas que se indican a continuación.

- Debes presentar el texto escrito a ordenador, de acuerdo con las convenciones de los textos dramáticos.
- Las intervenciones de los personajes deben ir encabezadas por el nombre del emisor; y las acotaciones, entre paréntesis y en cursiva.
- Incluye al menos una acotación en la que describas al personaje de Godot: edad, vestuario, forma de hablar…
- Al redactar la conversación, ten en cuenta tus respuestas a la actividad 10 de la página anterior (comprensión del texto).

Textos de los medios de comunicación

1 Los géneros periodísticos

Los **periódicos** tienen la finalidad de **informar, entretener** e **interpretar** la **realidad.**

En los periódicos pueden **aparecer distintos tipos de textos,** denominados **géneros periodísticos.** Recuerda la clasificación que estudiaste el curso pasado:

- **Géneros informativos.** Son aquellos en los que se transmite información de manera **objetiva,** como la **noticia** o el **reportaje.**
- **Géneros de opinión.** En ellos se analizan e interpretan cuestiones de actualidad. Tienen carácter **subjetivo,** es decir, incorporan juicios y valoraciones. Estudiaremos los principales —**artículo periodístico, editorial** y **cartas al director**— en las páginas siguientes de esta unidad.
- **Géneros mixtos.** En ellos se **combinan** la **información** y la **opinión;** es el caso de la **crónica** y de la **entrevista.**

Recuerda

- La **prensa** es un **medio de comunicación visual** que difunde periódicamente mensajes escritos.
- El **periódico,** publicación generalmente diaria, ofrece **informaciones y opiniones** vinculadas a sucesos de **actualidad.**
- La mayoría de los periódicos cuenta actualmente con **ediciones digitales.**

Actividades

1 Explica brevemente a qué sucesos se refieren estos dos textos periodísticos.

Mario Vargas Llosa, Premio Nobel de Literatura

«Es una gran alegría que comparto con mis amigos», ha asegurado tras conocer la noticia.

J. Rodríguez Marcos.

Faltaban todavía unos segundos para la una de la tarde cuando Peter Englund, secretario de la Academia sueca, abrió la famosa puerta blanca de la sede académica y pronunció el nombre del escritor hispanoperuano Mario Vargas Llosa como nuevo galardonado con el premio más prestigioso de las letras universales.

En declaraciones a *El País,* el autor ha afirmado, tras conocer la noticia, que «es una gran alegría» que comparte «con tantos amigos». [...]

En el momento del fallo el escritor se encontraba en Nueva York, dictando un curso sobre Borges en la Universidad de Princeton. El próximo 10 de diciembre recibirá el premio (dotado con 10 millones de coronas suecas, 1,1 millones de euros) de manos del rey de Suecia en el auditorio de Estocolmo. Antes, la editorial Alfaguara publicará su nuevo libro, *El sueño del celta* (Alfaguara), un apasionante relato novelesco sobre un personaje histórico, Roger Casement (1864-1916), que indagó la brutalidad del Gobierno de Leopoldo II de Bélgica durante la colonización del Congo y la violencia contra los recolectores de caucho en el Amazonas.

El País, 7 de octubre de 2010

Emoción y jolgorio de frac

Tras la ceremonia de entrega de los premios llegó el banquete, la música y el baile.

Juan Cruz

En la fiesta de anoche, en el enorme comedor del Ayuntamiento de Estocolmo, había 1 350 comensales. Ávidos. Pasaron del silencio respetuoso con que aguardaron, en la sede donde se entregaron los premios, la llegada del rey y de los premiados a un bullicio estrepitoso, organizado en torno a 500 velas y animado por centenares de camareros y por un ejército de cocineros que llevaba trabajando el pato, el rodaballo y el *bavarois* al chocolate desde el jueves último.

Todos mostraron un hambre extremadamente educada; con una puntualidad que no puede ser sino sueca, se fueron produciendo todos los elementos de la velada: se sabía a qué hora iban a pedirle al rey que entrara, y éste sabía que, después de la procesión, tenía que proponer un brindis; al milímetro se sabía también a qué hora le tocaría brindar a Mario Vargas Llosa. [...] Por cierto, el techo del salón donde tuvo lugar el banquete era un cielo azul, perfecto, artificial, por supuesto. Cuando empezó la música, antes del baile, ese cielo se transformó en el techo de una enorme sala de fiestas.

El País, 11 de diciembre de 2010

2 Repasa las definiciones de los distintos géneros periodísticos y justifica de forma razonada a cuáles de ellos pertenecen los dos textos anteriores.

2 El artículo periodístico

La argumentación y el artículo periodístico

Los artículos presentan, en general, **carácter argumentativo,** pues el autor defiende en ellos su **opinión** por medio de razones o **argumentos.**

Un **artículo periodístico** es un texto publicado en la prensa que refleja **el punto de vista de un autor** sobre un tema determinado.

Existen distintos **tipos** de artículos periodísticos:

- **Artículo de fondo** o **tribuna libre.** Se trata de un texto **extenso** y razonado, enviado al periódico por un **colaborador ocasional.**
- **Columna.** Más **breve** que el artículo de fondo, constituye una sección fija firmada por un **colaborador habitual** de la publicación.

En los artículos son habituales las **marcas explícitas de subjetividad:**

- Formas verbales, pronombres o posesivos de **primera persona.**
- **Adjetivos valorativos** *(extraordinario, intolerable...).*
- **Sustantivos ponderativos** (implican una consideración positiva: *acierto, logro, satisfacción...*) o **denostadores** (conllevan una valoración negativa: *equivocación, desvergüenza, estupidez...*).

Actividades

3 Explica con tus propias palabras la tesis que defiende cada uno de los autores.

Salvajadas de pueblo

Peores, si cabe, que las corridas de toros son las salvajadas pueblerinas tradicionales en las que una chusma en estado de intoxicación etílica maltrata cobardemente a un pobre toro bajo pretexto de fiestas patronales. Es la misma diferencia que hay entre las quemas de la Inquisición y los linchamientos incontrolados por turbas vengativas. Las corridas son uniformes y crueles. Las salvajadas pueblerinas son distintas y cada una bestial a su manera.

Solo sirven para dar salida a la mezcla explosiva de mala leche, alcohol y testosterona de los mozos más cerriles del pueblo. Los toros de fuego, con la cornamenta ardiendo; toros ensogados, toros a la mar, *bous al carrer*, toros maltratados, estresados, heridos o muertos se suceden en Tordesillas, Extremadura, el bajo Aragón o Valencia (3 000 festejos brutales al año). [...] Los festejos basados en el maltrato son una patología de la mente y su único destino es la abolición.

Jesús Mosterín
El País, 24 de septiembre de 2010

Una reserva india

Puede parecer contradictorio que el Parlamento catalán prohíba las corridas de toros, y vote a favor de la continuidad del *correbous.* Existen tres argumentos que pueden explicarlo. El primero es la tradición. El *correbous* se celebra sobre todo en las Terres de l'Ebre, en el sur de Cataluña. La figura del toro campando por el Delta o las montañas dels Ports de Tortosa forma parte del paisaje. En nuestros pueblos, la fiesta no se entiende sin el toro embolado, el *capllaçat,* o el *bou* por plazas y calles. Las gentes del Ebro solemos decir: «Si no eres de aquí no puedes entenderlo». El segundo es que en el *correbous* no hay muerte de la bestia. El tercer argumento, desde mi punto de vista, fundamental, es invisible pero explica la singular decisión del Parlament. Se trata de un factor que está íntimamente relacionado con el carácter de las gentes de l'Ebre, con nuestra forma de ser.

Andreu Carranza
El País, 24 de septiembre de 2010

4 ¿Qué argumentos emplean para defender sus opiniones?

ARTÍCULOS	ARGUMENTOS
Salvajadas de pueblo	
Una reserva india	

5 Reconoce en ambos textos marcas explícitas de subjetividad.

6 Trata de escribir un artículo en el que presentes razonadamente tu opinión sobre la conveniencia o no de abolir los festejos que incluyan maltrato a animales.

3 El editorial

El **editorial** es un **artículo periodístico** que expresa la **opinión de un periódico** o de una **revista** sobre un asunto determinado.

Los editoriales aparecen **sin firmar,** pues no reflejan el punto de vista de la persona que los ha escrito, sino el de la **dirección** o el **consejo editorial** de la publicación.

Las características lingüísticas de este subgénero coinciden con las del artículo periodístico que has estudiado en la página anterior, salvo en el empleo de la primera persona del singular, que no aparece nunca en los editoriales.

Línea editorial

Se denomina **línea editorial** de una publicación a su **orientación ideológica,** es decir, al conjunto de **valores** y **criterios** que guían el punto de vista que se ofrece a los lectores ante los temas de actualidad. Se pone de manifiesto, sobre todo, en sus editoriales, pero también en la **selección, ubicación** y **extensión** de las informaciones.

Actividades

7 **T** Lee los siguientes editoriales y, a partir de los datos que aportan, redacta una noticia —de carácter, por tanto, estrictamente informativo— en la que recojas las principales novedades que incorporará la nueva ley en caso de ser aprobada.

Apellidos con litigio

La nueva ley de Registro Civil, en estos momentos en trámite parlamentario, da un nuevo paso en el camino de la igualdad de derechos entre hombres y mujeres en materia de filiación. Además de ampliar la libertad de cambiar el orden habitual de los apellidos, que ya existía desde hace una década, la nueva norma introduce la posibilidad de obviar la referencia a un padre condenado por maltratador y una fórmula de desempate cuando los progenitores no se pongan de acuerdo en el orden de los apellidos del recién nacido. El proyecto prevé que tanto en los casos en que el padre y la madre no tomen una decisión común como en los que sencillamente no se manifiesten sobre sus preferencias, el registro procederá a colocar los apellidos en orden alfabético.

Cabe presumir que se trata de supuestos muy excepcionales. El sentido común dice que el nombre de pila del bebé puede suscitar más disputa que los apellidos y que, sin embargo, la ley no lo prevé. Con todo, puede tener cierta lógica establecer una solución si los padres no se ponen de acuerdo en los apellidos, pero no aplicar una fórmula —fija o variable— para determinarlos en el caso de que estos no se pronuncien. Parece más sensato seguir el orden habitual de este país, donde la mujer no pierde su apellido de soltera al casarse aunque figure en segundo lugar en la filiación de la descendencia. Y a pesar de que no se aplicará con frecuencia, ¿no sería más lógico fijar un sorteo —como sucede en Alemania— o un sistema que a la larga no pueda llegar a convertir en residuales los apellidos de la segunda mitad del alfabeto?

El Periódico, 5 de noviembre de 2010

Familia y apellidos

Al reformar el Registro Civil, el Gobierno solo pretende asestar un golpe definitivo al concepto jurídico de familia tal y como todavía hoy se concibe, fomentar el individualismo y eliminar una tradición histórica basada en la preferencia del apellido paterno en los recién nacidos. Es, una vez más la raquítica concepción que tiene el gobierno de la igualdad y el nulo respeto por tradiciones que solo una exigua minoría discute. No es una cuestión de machismo o de igualdad. De nuevo el Gobierno da una pésima lección al legislar sobre asuntos irrelevantes, ajenos al interés mayoritario y que en absoluto forman parte de la inmensa lista de prioridades y preocupaciones del ciudadano.

ABC, 5 de noviembre de 2010

8 ¿Cuál de los dos editoriales se muestra más favorable a la nueva ley?

9 ¿Qué objeción a la nueva ley se hace en *Apellidos con litigio*? ¿Qué solución alternativa se propone?

10 Enumera los argumentos esgrimidos en el editorial de *ABC* para justificar la postura del periódico.

4 Las cartas al director

Transmisión y presentación

Las cartas al director se envían al periódico por **correo ordinario** o **electrónico**, y siempre deben ir **firmadas**.

Las **cartas al director** son textos enviados por los **lectores** a la **dirección** de un **periódico** o **revista** para que sean publicados en sus ediciones impresas.

Este género periodístico puede presentar diversas finalidades:

- Aportar una **opinión** sobre un asunto de actualidad.
- Realizar una **corrección** o **puntualización** a una información anterior.
- Relatar una **experiencia personal** para protestar por el mal funcionamiento de algún servicio o agradecer el trato recibido.

Las cartas al director presentan las mismas características lingüísticas que los artículos periodísticos, aunque con una **menor exigencia estilística.**

Actividades

11 Lee la siguiente carta al director publicada en *El País* y especifica cuál es la tesis que sostiene la autora, así como los argumentos que esgrime para defenderla.

CARTAS AL DIRECTOR

Cáncer

Con motivo de la muerte de J. Antonio Labordeta he vuelto a leer ese lamentable eufemismo de que murió «tras una larga y penosa enfermedad». Todos los lectores del periódico, el redactor que escribió la crónica y el director que decidió publicarla sabemos de qué estamos hablando: del cáncer. Sobre todo porque, en este caso, el propio cantautor había anunciado su enfermedad hace algunos años, cuando se la detectaron.

¿Por qué entonces ocultar el nombre del mal tras una expresión vergonzante? En España se registran 200 000 pacientes nuevos cada año y, según las estimaciones del proyecto Globocom, de la Agency for Research on Cancer, se prevé que en los próximos 10 años habrá crecido un 30 %.

Por otra parte, no todos los procesos tumorales se convierten en «larga y penosa enfermedad». A veces, por desgracia, son breves y fulminantes y otras, por fortuna, no son penosos sino que permiten descubrir otros aspectos de la vida, algunos muy placenteros.

Además, gracias a los avances de la investigación científica, a los denodados esfuerzos de los profesionales de oncología y a los progresos tecnológicos, cada vez es mayor el número de curaciones. Por ello, sería de agradecer que no se aborde esta enfermedad como un tabú, y se trate a sus afectados como a cualquier otro enfermo.

Quiero, por último, rendir desde aquí homenaje a los médicos y enfermeros del hospital Madrid Sanchinarro que desde hace un año me han atendido con dedicación, esfuerzo y delicadeza, y, siempre, con una sonrisa en los labios.

El País, 24 de septiembre de 2010

12 A partir de la lectura del texto, trata de definir los conceptos de tabú y eufemismo.

13 Identifica los conectores y localiza los verbos y pronombres de primera persona empleados en la carta.

14 ¿Con qué finalidad de las que has estudiado relacionarías la carta anterior?

15 **T** Redacta una carta al director en la que expreses tu opinión sobre un tema de actualidad y otra en la que, a partir de una experiencia personal, denuncies una situación de injusticia que hayas vivido o de la que hayas sido testigo.

Los signos de puntuación (II)

Observa atentamente el cuadro y recuerda las normas de uso de los signos de puntuación que se explican en él.

SIGNO	USOS	SIGNO	USOS
Dos puntos	■ En el **encabezamiento** de una carta: *Queridos abuelos: os escribo…* ■ Para introducir una **enumeración:** *Los tipos de nubes son: cirros, estratos…* ■ Para introducir una **cita textual:** *Entonces César dijo: «¿Tú también, Bruto?»*	**Signos de interrogación y exclamación**	Se escriben al principio y al **final** de las **oraciones interrogativas** y **exclamativas:** *¿Vienes conmigo? ¡Qué frío hace!*
Comillas	■ Para reproducir una **cita textual:** *La novela empieza así: «Este libro trata principalmente de los* hobbits*».* ■ Para indicar que una palabra se usa **irónicamente** o con un **sentido especial:** *María dice que Felipe es solo un buen «amigo».*	**Raya**	■ Para encerrar **aclaraciones** o **incisos:** *Los espejos —según Borges— son odiosos.* ■ Para señalar cada una de las intervenciones de un **diálogo:** *—¿Qué tal el examen?* *—Fatal.* ■ En los **textos narrativos,** para aclarar cuál de los **personajes** ha intervenido en un diálogo: *—No tengo tiempo —dijo don Miguel.*

Actividades

1 Lee el siguiente fragmento del escritor español de origen alemán, Mauricio Wiesenthal, e indica todos los signos de puntuación que se utilizan en él.

Oración

En el cementerio protestante de Capri hay una sepultura con un reloj de sol y una cita de Mazzini, en inglés: «There is no death in this world, only forgetfulness» *(«No existe la muerte, sino solo el olvido»).*

Este Libro de réquiems *es también, en cierta manera, un libro de memorias; porque, en sus páginas, he reunido a grandes y pequeños personajes que forman parte de mi vida.*

[…] Pienso que los encuentros y los azares van dando contenido y forma a nuestra vida, más allá de nuestra propia voluntad y de nuestros deseos. No fui yo, probablemente, quien eligió a los personajes de este libro. A unos, contemporáneos míos, los conocí de cerca o llegué a tratarlos personalmente. Otros llegaron a formar parte de mi vida por misterioso azar. Para mí son un «culto», aunque para la mayoría de la gente son «cultura». A diferencia de un libro de crítica o de un ensayo, que reúne biografías o nombres ilustres con una perspectiva objetiva y distante, estos personajes tienen esa proximidad personal. Llegaron a mí por caminos mágicos: en el azar de una amistad, con un manuscrito olvidado en un viejo libro, en un encuentro fortuito en un café, entre los recuerdos de familia, entre los amores de juventud.

Mauricio Wiesenthal
Libro de réquiems, Edhasa

2 Justifica el uso que se hace en el texto de las comillas y de los dos puntos.

3 Vuelve a copiar las oraciones, añadiendo las tildes, las comillas y los signos de interrogación y exclamación que consideres necesarios.

a) Sofia, donde quieres celebrar tu cumpleaños

b) Entonces ella le dijo que no sabia cuando se volverian a ver; y el murmuro, entre sollozos: Que pena

c) Salgan del agua inmediatamente, grito, mientras todos los bañistas se preguntaban, confusos, que ocurria

d) Durante nuestra luna de miel, le pregunte cual era su ciudad favorita, y me contesto: Tu que crees

4 En este otro fragmento del *Libro de réquiems* han desaparecido los signos de puntuación y las mayúsculas. Cópialo en tu cuaderno puntuando correctamente y justifica, en cada caso, tus correcciones.

Casanova

al fin amanece y la puerta de la mazmorra se abre ha tenido tiempo de pensar lo que desea comer pregunta el carcelero al penetrar en la celda luego ofrece papel y lápiz a casanova para que haga una lista de todas las cosas que necesita una cama una silla una mesa los libros y los objetos peligrosos estan prohibidos dice el carcelero pero el tribunal ya se ocupará de proporcionarle las lecturas más recomendables casanova vuelve a examinar su situación no intentan matarle sino mantenerle enjaulado como si fuera un animal peligroso durante cuanto tiempo quizá para siempre

Mauricio Wiesenthal
Libro de réquiems, Edhasa

5 Escucha atentamente el texto y cópialo al dictado en tu cuaderno.

Repaso y desarrollo de competencias básicas

La nueva Ortografía deja al rey y al papa minúsculos

Así lo recoge la nueva edición de la Ortografía, presentada hoy.

PÚBLICO. Agencias

A partir de ahora, quienes escriban «guion» y «truhan» con tilde cometerán falta de ortografía. Sí podrá ponerse acento gráfico al adverbio «solo» y a los pronombres demostrativos, según se desprende de la nueva edición de la *Ortografía,* presentada hoy. Los que pierden definitivamente el acento gráfico son los monosílabos con diptongo ortográfico, del tipo de «guion», «truhan», «Sion», «Ruan», «hui» o «riais», aunque haya zonas, como sucede en España, donde se pronuncian con hiato y se perciban como bisílabos. La nueva *Ortografía* dice con claridad que estas palabras «se escribirán siempre sin tilde».

Además, cargos institucionales, como el rey y el papa, deberán ir siempre en minúscula, sin importar si llevan el nombre detrás. Así, deberá escribirse el rey Juan Carlos, no el Rey Juan Carlos, o «el discurso de Navidad del rey». [...]

Novedad es también que, a partir de ahora, haya que escribir «exnovio», «exministro», «exgeneral». Pero el prefijo «ex» irá separado si la base léxica que le sigue está formada por más de una palabra, como sucede en «ex capitán general».

Para «preservar la coherencia y simplicidad del sistema ortográfico», la nueva Ortografía «recomienda» eliminar la letra «q» cuando equivale al fonema «k», y, por tanto, lo conveniente será escribir «cuórum», «cuásar», «Irak» y «Catar».

Algunas de las innovaciones que contenía esta edición se hicieron públicas a principios de noviembre y causaron una gran polémica, entre ellas la decisión de unificar los nombres de las letras del alfabeto y querer llamar «ye» a la «i griega»; «be» a la «be larga», «be alta», «be grande», y «uve» a la «ve corta», «ve chica» o «chiquita», «ve pequeña», entre otros cambios. Pero, en la redacción final de la *Ortografía* se ha suavizado la propuesta y ha quedado en una mera «recomendación».

Público, 16 de diciembre de 2010

Ortografía por votación

El problema no era la ortografía sino la onomástica. Al final, las 800 páginas de la nueva norma panhispánica para la escritura correcta han pesado menos que el nombre de dos letras. Desde que hace casi un mes se anunciaron los primeros cambios hasta que el domingo pasado las 22 Academias de la Lengua aprobaron, suavizado, el texto definitivo de la *Ortografía,* la polémica ha generado más ruido que nueces. En su afán por favorecer la unidad de una lengua de por sí muy unida —los hispanohablantes de todo el planeta comparten más de un 80 % de su vocabulario—, los académicos propusieron unificar la denominación de cuatro letras cuyo nombre varía según los países: *ye, be, uve* y *doble uve* en lugar de *i griega, be alta* o *larga, be baja* o *corta* y *ve doble* o *doble ve.* El resultado fue una avalancha de críticas —muchas vía Internet y no pocas plagadas de faltas (de ortografía)— ante lo que unos consideraban un atentado al pedigrí grecolatino del español y otros, un incómodo cambio de costumbres. Pero tan surreal como algunos ataques a los académicos, tildados al mismo tiempo de elitistas y de populistas, había sido el método elegido por estos para tomar su decisión. Como contó uno de los miembros de la comisión ortográfica, los partidarios de la *uve* consiguieron lo que se proponían a cambio de ceder la *i griega.* Algo así como «yo me quito el bigote, tú te afeitas la barba». En lugar de una solución acababan de crear dos problemas. La lingüística no es una ciencia exacta, pero resulta difícil imaginar a un grupo de astrónomos votando a mano alzada si Plutón es o no un planeta. [...]

Lo triste del último retoque es que el peculiar método de *normativa por votación* —pulida además por votación popular— ha terminado eclipsando una obra monumental que trata de conseguir una ortografía coherente con la gramática y de avanzar en el viejo deseo de Nebrija de escribir como se habla.

El País, 1 de diciembre de 2010

1 Lee atentamente los dos textos de la página anterior. ¿Qué tema común abordan?

2 ¿De qué crees que informa exactamente el fragmento publicado en el diario *Público*?

3 Trata de justificar el titular del primer texto de la página anterior.

4 ¿A qué género periodístico crees que pertenece? Justifica tu respuesta.

5 Explica el significado que tienen en el segundo texto, publicado en el diario *El País,* las siguientes palabras o expresiones empleadas en el primer párrafo.

a) Onomástica.

b) Panhispánica.

c) Más ruido que nueces.

6 ¿Por qué crees que la nueva denominación de las letras fue considerada por algunas personas como «un atentado al pedigrí grecolatino del español»? ¿Qué otra objeción se hizo a esta propuesta?

7 En el texto se dice que los académicos fueron tildados a un tiempo «de elitistas y de populistas». ¿Qué significan estas dos palabras?

8 **T** Busca información —en medios impresos o digitales— y averigua quién es Nebrija, el autor a quien se cita en el último párrafo del texto de *El País.*

9 Explica qué valoración se realiza en el artículo *Ortografía por votación* de los siguientes aspectos. Justifica tus respuestas con frases del texto.

a) Las críticas recibidas por los académicos.

b) El contenido de la nueva ortografía.

c) El procedimiento seguido para tomar algunas decisiones.

10 Justifica razonadamente a qué género periodístico pertenece el texto reproducido en la página anterior y publicado en el diario *El País*.

11 A partir de los datos sobre la nueva *Ortografía* que puedes obtener de ambos textos, especifica qué errores —si los hay— se han cometido en la escritura de siguientes oraciones.

a) Un científico norteamericano acaba de descubrir un nuevo quásar.

b) El exdelantero centro del Real Madrid no quiso hacer declaraciones.

c) No se fio de mí y rompimos nuestra amistad.

d) El Papa llegó a la capital de su país natal entre fuertes medidas de seguridad.

12 **T** Redacta una carta al director en la que expreses tu opinión sobre los cambios ortográficos introducidos en el español escrito y sobre aquellos que, a tu juicio, deberían incorporarse en el futuro.

13 **T** Lee ahora el siguiente texto de la periodista de Rosa Montero y redacta un resumen de su contenido.

Emoción

Ya sé que hoy en España la cosa de votar parece poco menos que una nadería. La falta de veracidad y de contenido del juego político nos mueve a la desgana, y para muchos los días de elecciones son una responsabilidad tediosa y poco sustanciosa. Pero yo, a pesar de todo, sigo sintiendo una emoción especial cada vez que puedo depositar mi voto. Supongo que es algo que nos pasa a todos los que vivimos un tiempo bajo Franco anhelando ese derecho básico.

Ahora he sentido algo parecido ante las elecciones en Afganistán. La democracia en esa tierra trágica no es más que un ínfimo brote; los comicios presidenciales de hace un año fueron un fraude, Karzai es un impresentable, el país está en guerra, su sistema electoral no permite partidos políticos... Y aun así, ¡cuántas esperanzas! Y cuánta valentía. Ya saben que esos feroces locos criminales de los talibanes decretaron un boicot a las urnas, y que el día de las elecciones se dedicaron a asaltar colegios electorales y a matar gente. Al menos 389 colegios sufrieron ataques graves o cierres forzosos, murieron 21 civiles, hubo decenas de heridos. Y, sin embargo, parece ser que el 40 % de los afganos acudieron a votar (en las europeas de 2004, por ejemplo, solo participamos el 45 % de los españoles). ¿No es una cifra asombrosa? Aunque les podían rebanar el cuello, pegar un tiro, partir las piernas a bastonazos, ellos siguieron saliendo de sus casas para construir el futuro con su voto. Sé que las elecciones afganas han estado llenas de irregularidades y manipulaciones fraudulentas. Pero, aun así, conmueve ver a esas mujeres envueltas en el *burka* que acudieron a las urnas desobedeciendo el boicot talibán, quizá con la esperanza de un mañana más libre para sus hijas. Solo es una pequeña semilla protodemocrática en mitad del caos, pero ese 40 % de afganos tiene razón. Así se cambia el mundo.

Rosa Montero
El País, 21 de septiembre de 2010

14 ¿A qué género periodístico pertenece, a tu juicio, este texto? Reconoce en él sus rasgos lingüísticos característicos.

15 **T** Redacta un texto periodístico de opinión en el que argumentes sobre la importancia de acudir a votar.

16 **T** Elabora un mapa conceptual de los principales contenidos tratados en el bloque de Comunicación de esta unidad.

El teatro desde 1936

1 Mihura y la comedia del disparate

La **comedia del disparate,** vinculada al humorismo de la revista *La Codorniz*[1], denuncia el sentimentalismo y la hipocresía de las convenciones burguesas.

La **obra fundacional** de la **comedia del disparate** es ***Tres sombreros de copa,*** de **Miguel Mihura,** escrita en 1932 pero estrenada en 1952.

En el hotel de provincias, donde pasa la noche previa a su boda, Dionisio, un joven pusilánime, se enamora de Paula, que trabaja en un circo. Por un momento, duda entre el **mundo respetable y burgués** encarnado en don Sacramento —el padre de su novia— y el **mundo errante y libre** del circo. Al final, será incapaz de saltar el muro infranqueable que separa ambos.

Algunos **recursos de comicidad** son la acumulación de **objetos inútiles** (durante una fiesta, el Odioso Señor ofrece unas ligas, un bocadillo de jamón, una carraca[2]...) y el **juego con el lenguaje** y la **subversión de frases hechas** (Paula pregunta a Dionisio si se va a casar y este contesta: «Me caso, pero poco»).

Estos temas y recursos aparecen también, aunque en menor medida, en obras posteriores de Mihura como *Maribel y la extraña familia, Melocotón en almíbar* o *Ninette y un señor de Murcia.*

Enrique Jardiel Poncela

El otro gran representante de la comedia del disparate, el madrileño **Enrique Jardiel Poncela,** estrenó algunas de sus obras en la **década de los cuarenta,** aunque había comenzado su carrera antes de la Guerra Civil. En *Eloísa está debajo de un almendro* (1940) o *Los ladrones somos gente honrada* (1941) plantea situaciones absurdas con intención humorística.

Actividades

1 Escucha atentamente y lee el siguiente texto de Miguel Mihura.

A la mañana siguiente

DIONISIO.—*Yo salí a la calle, don Sacramento... No podía dormir... Salí a pasear bajo la lluvia. Y en la misma calle, di dos o tres vueltas... Por eso yo no oí que ella me llamaba... ¡Pobre Margarita!... ¡Cómo habrá sufrido!*

DON SACRAMENTO.—*La niña está triste. La niña está triste y la niña llora. La niña está pálida. ¿Por qué martiriza usted a mi pobre niña?...*

DIONISIO.—*Don Sacramento... Ya se lo he dicho... salí a la calle... No podía dormir.*

DON SACRAMENTO.—*La niña se desmayó en el sofá malva de la sala rosa... ¡Ella creyó que usted se había muerto! ¿Por qué salió usted a la calle a pasear bajo la lluvia?*

DIONISIO.—*Me dolía la cabeza, don Sacramento...*

DON SACRAMENTO.—*¡Las personas decentes no salen por la noche a pasear bajo la lluvia...! [...] Usted debió ponerse dos ruedas de patata en las sienes...*

DIONISIO.—*Yo no tenía patatas...*

DON SACRAMENTO.—*Las personas decentes deben llevar siempre patatas en los bolsillos... ¿Lo está usted viendo? ¡Usted es un bohemio, caballero!... Cuando usted se case con la niña, usted no podrá ser tan desordenado en el vivir. ¿Por qué está así este cuarto? ¿Por qué hay latas de sardinas vacías?* (Cogiendo la carraca que está en el sofá.) *¿Qué hace aquí esta carraca?*

Miguel MIHURA
Tres sombreros de copa, Cátedra

Representación de *Tres sombreros de copa,* dirigida por Gustavo Pérez Puig (2005).

2 Explica la relación que existe entre los personajes del texto de Mihura.

3 ¿A qué poema que has leído en este curso remiten las palabras subrayadas?

4 Relaciona el fragmento con el tema y los recursos de la comedia del disparate.

[1] ***La Codorniz:*** revista de humor gráfico y literario publicada en España entre 1941 y 1978.

[2] **carraca:** instrumento de madera, de sonido seco desagradable.

2 Buero Vallejo y el teatro social

Antonio Buero Vallejo es el **dramaturgo más destacado** del **teatro social.**

El teatro de Buero pretende —desde *Historia de una escalera,* estrenada en 1949— que el espectador tome conciencia, sin autoengaños, de la **trágica condición del ser humano,** arrojado a una existencia presidida por el **dolor** y la **incertidumbre.**

Sus obras admiten también una lectura en **clave social.** En ellas se lleva a cabo un análisis crítico de la **realidad española de la época,** marcada por la miseria, la ignorancia, la corrupción moral y la falta de libertad. Algunas estrategias teatrales empleadas por el autor son:

- El uso de **personajes históricos** —que fracasan en su intento de lograr una sociedad más justa y libre— para reflexionar sobre el presente: Esquilache en *Un soñador para un pueblo;* Goya en *El sueño de la razón;* Larra en *La detonación*; o Velázquez en *Las Meninas.*
- Los **efectos de inmersión,** que sitúan al espectador en la conciencia de los personajes. Así, en *El concierto de San Ovidio* y *En la ardiente oscuridad,* protagonizadas por ciegos, la escena queda, en algunos momentos, a oscuras; y en *El sueño de la razón,* los espectadores como el protagonista, no oyen lo que dicen los demás personajes.

Otros dramaturgos del teatro social

Durante los **años cincuenta** predomina en España un **teatro realista de denuncia social.** Además de Buero Vallejo, otros autores y títulos de esta tendencia son los siguientes:

- **Alfonso Sastre:** *Escuadra hacia la muerte* (1953).
- **Lauro Olmo:** *La camisa* (1960).

Actividades

5 Escucha atentamente y lee el fragmento de la obra *En la ardiente oscuridad.*

Seres normales

CARLOS.—*Ya que no pareces inclinado a abandonar tu pesimismo, para mí mereces todos los respetos. ¡Pero encuentro improcedente que intentes contagiar a los demás! ¿Qué derecho tienes a ello?*

IGNACIO.—*No intento nada. Me limito a ser sincero, y ese contagio de que me hablas no es más que el despertar de la sinceridad de cada cual. Me parece muy conveniente, porque aquí había muy poca. ¿Quieres decirme, en cambio, qué derecho te asiste para recomendar constantemente la alegría, el optimismo y todas esas zarandajas*[1]*?*

CARLOS.—*Ignacio, sabes que son cosas muy distintas. Mis palabras pueden servir para que nuestros compañeros consigan una vida relativamente feliz. Las tuyas no lograrán más que destruir; llevarlos a la desesperación [...].*

IGNACIO.—*Este centro está fundado sobre una mentira.* (Doña PEPITA, con las manos en los hombros de las ciegas, las besa cariñosamente y se va por la derecha de la terraza.)

CARLOS.—*¿Qué mentira?*

IGNACIO.—*La de que somos seres normales.*

Antonio BUERO VALLEJO
En la ardiente oscuridad, Espasa Calpe

Representación de *En la ardiente oscuridad,* dirigida por Luis Escobar y Humberto Pérez de la Ossa (1950).

6 ¿En qué lugar se encuentran los personajes? Justifica tu respuesta con pasajes del texto.

7 ¿Qué visión del mundo tienen Ignacio y Carlos? ¿Con cuál de los dos personajes estás de acuerdo? Escribe una breve argumentación al respecto.

8 Relaciona este fragmento con la finalidad del teatro de Buero Vallejo.

[1] **zarandajas:** cosas sin valor, de poca importancia.

3 Arrabal y el teatro experimental

Fernando Arrabal es el principal representante del **teatro experimental,** que **reacciona** en los **años sesenta contra el teatro social.**

Los rasgos característicos del teatro de Arrabal son los siguientes:

- Sus obras no pretenden ofrecer un testimonio fiel de la realidad de la época, sino **parábolas** o **alegorías** sobre la condición humana que es preciso interpretar. No es, por tanto, un teatro realista, sino **simbólico.**
- En ellas cobran especial importancia los **signos no verbales:** los gestos y movimientos de los personajes, el decorado, la música…
- Los diálogos, **poéticos** o **absurdos,** se apartan de la lengua cotidiana.
- Se trata de un teatro **provocador,** en el que están presentes el **sexo,** la **violencia** o la **locura.**

Algunos de los principales títulos de Arrabal son: *Pic-Nic, El triciclo, El cementerio de automóviles* o *El Arquitecto y el Emperador de Asiria.*

El cementerio de automóviles

Los personajes de la obra, seres violentos e incomunicados, viven en los coches de un desguace. Cada noche, Emanu toca la trompeta para aliviar la penosa existencia de los más pobres. Los habitantes del desguace, que no soportan esa muestra de altruismo, terminan por crucificarle sobre el manillar de una bicicleta.

Actividades

9 Lee atentamente el siguiente fragmento y describe la situación que se plantea.

Emanu y Dila

EMANU.—*Quería verte.* (Pausa.) *Dila, quiero estar contigo esta noche. Quiero que mi boca sea una jaula para tu lengua y mis manos golondrinas para tus senos.*

DILA.—(Sorprendida.) *¡Emanu!*

EMANU.—*Además, los amigos dicen que no soy un hombre. Dicen que no podré serlo hasta que haya estado con una mujer.*

DILA.—*¿Y quieres que sea conmigo?*

EMANU.—*Sí, Dila. Tú eres mejor que las otras. Contigo no me va a dar casi vergüenza. Además, sé casi cómo tengo que hacer. Cuando te miro, trenes eléctricos danzan como mariposas entre mis piernas.*

DILA.—*Sabes cómo es él de celoso.*

EMANU.—*No nos verá. Seguro. Y si nos descubriera le diríamos que estábamos jugando a los soldados. Estaremos juntos e invisibles como la noche y los pensamientos. Nos abrazaremos y revolotearemos como dos ardillas submarinas.*

DILA.—*Pero Emanu, tienes que ir a tocar la trompeta al baile.*

EMANU.—*Pero si solo será cuestión de minutos. […]*

DILA.—*Vamos.* (Pausa.) *Te acariciaré como si fueras un lago de miel en la palma de mi mano.* (DILA y EMANU se colocan detrás del coche A de forma que los espectadores no los ven.)

Fernando ARRABAL
El cementerio de automóviles, Cátedra

10 A partir del argumento de *El cementerio de automóviles*, trata de explicar la visión de la condición humana que se manifiesta en esta obra.

11 Analiza los recursos estilísticos empleados por el autor en esta escena.

12 ¿Qué características del teatro de Fernando Arrabal aparecen en el fragmento de la actividad 9?

El teatro actual

Con la llegada de la democracia, se aprecia en el teatro español una cierta vuelta al **realismo,** con obras como *Bajarse al moro*, de **José Luis Alonso de Santos,** o *Las bicicletas son para el verano*, de **Fernando Fernán Gómez.**

Hay que destacar también la importancia de los **grupos de teatro independiente** *(La Fura dels Baus, Els Joglars, Els Comediants…)* con tendencia a la **creación colectiva** y a un **teatro no verbal.**

Repaso y desarrollo de competencias básicas

1 Lee el siguiente fragmento y contesta las cuestiones.

Lola

ABUELA.—*¡Cálmate, hijo! Ya no puede tardar la Lola, y no quiero que te vea* alterao. (Juan se sienta. Los codos sobre las rodillas, entrelazadas las manos y la mirada fija en el suelo. La ABUELA acaba de colocar en una caja de cartón comida para LOLA.) *Le he puesto una buena tortilla de patatas, unos trocitos de pescao frito, pan y manzanas.* Pal *primer día tiene. Luego ya comprará ella algo. ¿No te parece?* (Pausa.) *Claro que ella no es de mucho comer. Es capaz de volver de Suiza con la tortilla.* (Cambiando de tono.) *Ha* sufrío *mucho, Juan; si la dejas marchar sin una sonrisa tuya, la apuñalas. Me acuerdo cuando os casasteis. ¡La alegría con que salisteis de la iglesia! Lloré como una tonta. Y tú reventabas de gozo. ¡Y qué guapo estabas,* condenao! (Pausa.) *Mira, una cosa es cierta: que to el que nace, palma. Tú, la Lola… No hay cristo que se escabulla de la gran arruga final. Sabiendo esto, ¿vas a consentir que la Lola se vaya de mala manera? Lee los periódicos. Tos los días pasa algo. Si a mí se me hubiera ocurrío pensar que al final de mi Anselmo había cadáver, algunos de los recuerdos que me mordisquean el alma no existirían. […] Hijo, ella se va un poco asustá. ¿Te crees que si no fuera por el Agustinillo y la niña…? ¡Y por ti, muchacho! ¡Y por ti!*

Lauro OLMO
La camisa, Cátedra

- ¿Qué va a hacer Lola? ¿Por qué?
- ¿Qué sentimientos despierta en Juan la decisión de su esposa? Justifica tu respuesta con frases del texto.
- ¿Qué le pide la Abuela a Juan? ¿Qué argumento emplea para tratar de convencerlo?

2 Localiza en el texto dos metáforas y una personificación.

3 ¿De qué clase social proceden los personajes aludidos?

4 Copia en tu cuaderno las acotaciones del texto e indica a qué elementos de la representación hacen referencia.

5 ¿En cuál de estas cuatro tendencias situarías *La camisa*?

a) Comedia del disparate.
b) Teatro de vanguardia.
c) Realismo social.
d) Teatro actual.

6 Lee este otro texto, de Jardiel Poncela, y explica qué están planeando los personajes.

Turliendo, turliendo

TÍO.—*¿Qué hay,* Melancólico?

DANIEL.—*¿Por qué no estás en tu sitio?*

TÍO.—*Porque tú me diste orden de que actuase a las doce en punto, y como no son más que las doce menos veinte… […]*

DANIEL.—*¿Y el* Castelar*…?*

TÍO.—*Se ha quedado ahí, metiéndose unas piedrecitas en la boca, pa ver si así consigue hablar claro contigo, porque hoy está incapaz.*

PELIRROJO.—*Aquí viene.* (Por la derecha surge el CASTELAR. Otro pinta como el TÍO, con un gran aire de pasmado, pero que, en realidad, no tiene de pasmado más que el aire. Da la sensación de que habla en rumano.)

CASTELAR.—*Atarapaná malífico.*

TÍO.—*Esto es que te saluda.*

CASTELAR.—*Tora de tarum picitas pormoción, pero trupemenerdio todo.*

TÍO.—*Dice que se ha tragado las piedrecitas y que se le traba la lengua de la emoción, pero que está dispuesto a todo.*

PELIRROJO.—*Oye… ¿Es que ahora le traduces lo que habla?*

TÍO.—*Sí. Pero cuando el párrafo es largo, le cobro una peseta. […]*

CASTELAR.—*Atropó mistigale turliendo turliendo; con la pandalla del droguro caresto colupinas logran dar ler otros.*

TÍO.—*Venga la peseta.* (Castelar le da una peseta, que el TÍO se guarda. A DANIEL.) *Ha dicho que él y tres hombres más de la pandilla de Isidro el* Inseguro *tienen su puesto en las cocinas. Y que, aprovechando el barullo, llegarán hasta el salón grande a ayudarte a ti y a los otros.*

DANIEL.—*¿Y los coches?*

TÍO.—*Dispuestos para la fuga, en la fachada que da al rompeolas. La verja está abierta, y de los perros tampoco* tiés *ya que preocuparte.*

DANIEL.—(Serio.) ¿Habéis matado a los perros?

TÍO.—*No. Les hemos traído una perra a cada uno. Están* encantaos.

Enrique JARDIEL PONCELA
Los ladrones somos gente honrada, Espasa Calpe

7 Identifica en el texto los pasajes humorísticos y trata de explicar los mecanismos de comicidad empleados. ¿Qué características de la comedia del disparate reconoces en el fragmento?

8 **T** Elabora un mapa conceptual con los principales contenidos de la parte de Educación literaria de esta unidad.

Historia de una escalera

Acto I

CARMINA.—¿Y Elvira?

FERNANDO.—¡La detesto! ¡Quiere cazarme con su dinero! ¡No la puedo ver!

CARMINA.—*(Con una risita.)* ¡Yo tampoco! *(Ríen, felices.)*

FERNANDO.—Ahora tendría que preguntarte yo: ¿y Urbano?

CARMINA.—¡Es un buen chico! ¡Yo estoy loca por él! *(FERNANDO se enfurruña.)* ¡Tonto!

FERNANDO.—*(Abrazándola por el talle.)* Carmina, desde mañana voy a trabajar de firme por ti. Quiero salir de esta pobreza, de este sucio ambiente. Salir y sacarte a ti. Dejar para siempre los chismorreos, las broncas entre vecinos... Acabar con la angustia del dinero escaso, de los favores que abochornan como una bofetada, de los padres que nos abruman con su torpeza y su cariño servil, irracional...

CARMINA.—*(Reprensiva.)* ¡Fernando!

FERNANDO.—Sí. Acabar con todo esto. ¡Ayúdame tú! Escucha: voy a estudiar mucho, ¿sabes? Mucho. Primero me haré delineante. ¡Eso es fácil! En un año... Como para entonces ya ganaré bastante, estudiaré para aparejador. Tres años. [...] Por entonces tú serás ya mi mujercita, y viviremos en otro barrio, en un pisito limpio y tranquilo. Yo seguiré estudiando. ¿Quién sabe? Puede que para entonces me haga ingeniero. Y como una cosa no es incompatible con la otra, publicaré un libro de poesías, un libro que tendrá mucho éxito...

CARMINA.—*(Que le ha escuchado extasiada.)* ¡Qué felices seremos!

FERNANDO.—¡Carmina! *(Se inclina para besarla y da un golpe con el pie a la lechera, que se derrama estrepitosamente. Temblorosos, se levantan los dos y miran, asombrados, la gran mancha blanca en el suelo.)*

Acto III

[Han transcurrido treinta años. Finalmente, CARMINA se casó con URBANO; y FERNANDO, con ELVIRA. Todos siguen viviendo en la misma escalera.]

FERNANDO, HIJO.—Sí, Carmina. Aquí solo hay brutalidad e incomprensión para nosotros. Escúchame. Si tu cariño no me falta, emprenderé muchas cosas. Primero me haré aparejador. ¡No es difícil! [...] Tendremos nuestro hogar, alegre y limpio..., lejos de aquí. Pero no dejaré de estudiar por eso. ¡No, no, Carmina! Entonces me haré ingeniero. Seré el mejor ingeniero del país y tú serás mi adorada mujercita.

CARMINA, HIJA.—¡Fernando! ¡Qué felicidad!... ¡Qué felicidad!

FERNANDO, HIJO.—¡Carmina! *(Se contemplan extasiados, próximos a besarse. Los padres se miran y vuelven a observarlos. Se miran de nuevo, largamente. Sus miradas, cargadas de una infinita melancolía, se cruzan sobe el hueco de la escalera sin rozar el grupo ilusionado de los hijos.)*

Antonio BUERO VALLEJO
Historia de una escalera, Espasa Calpe

Análisis del contenido

1 Escucha atentamente y lee el fragmento de *Historia de una escalera,* obra de Antonio Buero Vallejo.

2 A partir de las intervenciones de Fernando en el fragmento del acto I, trata de explicar con tus palabras cómo es el entorno social y económico en el que se desarrollan las vidas de los personajes.

3 Compara los sueños de Fernando y Carmina padres con los de sus hijos y enumera al menos cuatro semejanzas entre ellos.

1.ª semejanza →

2.ª semejanza →

3.ª semejanza →

4.ª semejanza →

4 Al final de la conversación del acto I, Fernando tira con el pie un cántaro de leche, que se rompe. ¿Qué crees que significa este hecho? Trata de justificar tu interpretación.

5 Explica con tus propias palabras por qué, al final del acto III, las miradas de los padres están «cargadas de una infinita melancolía».

6 ¿Crees que se cumplirán los sueños de Fernando y Carmina hijos? Justifícalo.

7 Trata de formular por medio de sustantivos abstractos los temas que se abordan en el fragmento de Buero Vallejo.

Análisis de la forma

8 En una de sus intervenciones del acto I, Carmina emplea una ironía. Identifica en qué frase y explica en qué consiste este recurso.

9 Localiza un símil en el acto I de *Historia de una escalera* y aclara su significado.

10 Copia en tu cuaderno el siguiente cuadro y clasifica en él las acotaciones que aparecen en ambos textos, según los signos no verbales de la representación a los que aludan.

Gestos y movimientos	
Entonación	
Decorado y utilería	

11 ¿Cómo calificarías la estructura de esta obra: circular o lineal? Argumenta el porqué de tu elección.

Relación con el contexto

12 Sitúa esta obra de Buero Vallejo dentro de la evolución del teatro español después de la Guerra Civil y justifica tu respuesta.

13 ¿Qué efecto crees que quería producir el dramaturgo en los espectadores de su tiempo? Trata de explicarlo con tus propias palabras.

14 ¿Reconoces en el texto alguna de las características propias del teatro del dramaturgo Antonio Buero Vallejo?

15 Intenta relacionar este fragmento de *Historia de una escalera* con el poema *Ensayo de cántico en el templo,* de Salvador Espriu, que has comentado en la unidad anterior.

UNIDAD 11

CONTENIDOS DE LA UNIDAD

- ESCUCHAR Y HABLAR. LEER Y ESCRIBIR
- COMUNICACIÓN

Textos de la vida cotidiana

1. La instancia

2. El currículum vítae

3. El contrato

4. Las disposiciones legales

ORTOGRAFÍA. Los signos de puntuación (III)

- EDUCACIÓN LITERARIA

La novela desde 1936

1. La novela en los años cuarenta

2. La novela social

3. La novela experimental

COMENTARIO DE TEXTO. *Tiempo de silencio*

CONSTELACIONES. La novela actual

1. Escucha atentamente una tertulia radiofónica sobre la película *El camino de los ingleses* y realiza las siguientes actividades:

- ¿Quién es el director del filme del que hablan los tertulianos?
- ¿Cuántas personas participan en este diálogo radiofónico, además del moderador?
- Copia en tu cuaderno el siguiente cuadro y complétalo con las opiniones sobre la película de los tres primeros participantes.

	PRIMER PARTICIPANTE	SEGUNDO PARTICIPANTE	TERCER PARTICIPANTE
Valoración general			
Aspectos positivos			
Aspectos negativos			

2. Al final del texto, una periodista presenta un reportaje sobre la película. Realiza las siguientes actividades acerca de esta sección.

- ¿Qué predomina en el reportaje, la información o la opinión?
- T Resume el argumento de la película.
- ¿Quién es el actor que narra la historia que cuenta el filme?
- ¿Cuál es el nombre del autor de la novela en la que está basado?

3. T Simulad, por parejas (alumno A y alumno B), una entrevista de trabajo. La empresa contratante ya conoce el currículum vítae del candidato. Se trata, pues, de una conversación más general, en la que este debe darse a conocer. Elegid una de estas tres opciones.

Un importante grupo editorial busca diseñador gráfico.

Una gran superficie busca encargado para la sección de deportes.

Un restaurante muy caro y elegante necesita un chef.

- El alumno A debe limitarse a realizar las siguientes preguntas, que suelen ser frecuentes en las entrevistas de trabajo. Por su parte, el alumno B debe tratar de contestar de la manera más clara y precisa posible.
  - **Sobre la empresa.** ¿Por qué quiere trabajar con nosotros? ¿Está usted estudiando otras ofertas de trabajo?
  - **Sobre el candidato.** ¿Qué cambiaría de su forma de ser? ¿Qué virtudes destacaría de sí mismo? ¿Habla bien en público? ¿Qué actividades realiza en su tiempo libre? ¿Qué sucesos o personas han marcado su vida?
  - **Sobre el trabajo.** ¿Trabaja mejor solo o en equipo? ¿Qué es para usted lo más importante de un trabajo? ¿Por qué deberíamos contratarle?
  - **Sobre la carrera profesional.** ¿Por qué ha elegido esta profesión? ¿Dónde se ve dentro de diez años? ¿Ha asistido a algún curso en los últimos tres años? ¿De qué se trataba? ¿Por qué lo hizo?
- El resto de la clase deberá observar y evaluar los siguientes aspectos del comportamiento del alumno B y decidir si lo contrataría o no.
  - ¿Ha saludado con firmeza al entrevistador? ¿Lo mira a los ojos?
  - ¿Ha mirado al reloj o ha mostrado signos de impaciencia?
  - ¿Cómo está sentado? ¿Qué rasgos de carácter o estados de ánimo (seguridad, timidez, desinterés, tensión, desafío…) sugiere su postura?
  - ¿Ha contestado con seguridad? Fijaos para ello en si ha empleado con demasiada frecuencia expresiones como «no sé», «puede ser»…
  - ¿Parece sincero? ¿Ha interrumpido al entrevistador?

Memorias de Adriano

Comenzada para informarte de los progresos de mi mal, esta carta se ha convertido poco a poco en el esparcimiento de un hombre que ya no tiene la energía necesaria para ocuparse en detalle de los negocios del estado, meditación escrita de un enfermo que da audiencia a sus recuerdos. Ahora me propongo más: tengo intención de contarte mi vida. Como correspondía, el año pasado preparé un informe oficial sobre mis actos, en cuyo encabezamiento estampó su nombre mi secretario Flegón. He mentido allí lo menos posible; de todas maneras, el interés público y la decencia me forzaron a reajustar ciertos hechos. La verdad que quiero exponer aquí no es particularmente escandalosa, o bien lo es en la medida en que toda verdad es escándalo. Lejos de mí esperar que tus diecisiete años comprendan algo de esto. Sin embargo, me propongo instruirte, y aun desagradarte. Tus preceptores, elegidos por mí, te han impartido una educación severa, celosa, quizás demasiado aislada, de la cual en suma espero un gran bien para ti y para el Estado. Te ofrezco, como correctivo, un relato libre de ideas preconcebidas y principios abstractos extraídos de la experiencia de un solo hombre —yo mismo. Ignoro las conclusiones a que me arrastrará mi narración. Cuento con este examen de hechos para definirme, quizá para juzgarme, o por lo menos para conocerme mejor antes de morir.

Como todo el mundo, solo tengo a mi servicio tres medios para evaluar la existencia humana: el estudio de mí mismo, que es el más difícil y peligroso, pero también el más fecundo de los métodos; la observación de los hombres, que logran casi siempre ocultarnos sus secretos o hacernos creer que los tienen; y los libros, con los errores particulares de perspectiva que nacen entre sus líneas. He leído casi todo lo que han escrito nuestros historiadores, nuestros poetas y aun nuestros narradores, aunque se acuse a estos últimos de frivolidad; quizá les debo más información de las que pude recoger en las muy variadas situaciones de mi propia vida. La palabra escrita me enseñó a escuchar la voz humana, un poco como las grandes actitudes inmóviles de las estatuas me enseñaron a apreciar los gestos. En cambio, y posteriormente, la vida me aclaró los libros. [...]

Cuando considero mi vida, me espanta encontrarla informe. La existencia de los héroes, según nos la cuentan, es simple; como una flecha, va en línea recta a su fin. Y la mayoría de los hombres gusta de resumir su vida en una fórmula, a veces jactanciosa o quejumbrosa, casi siempre recriminatoria; el recuerdo les fabrica, complaciente, una existencia explicable y clara. Mi vida tiene contornos menos definidos. Como suele suceder, lo que no fui es quizá lo que más ajustadamente la define: buen soldado pero en modo alguno hombre de guerra; aficionado al arte, pero no ese artista que Nerón creyó ser al morir; capaz de cometer crímenes, pero no abrumado por ellos. [...]

El paisaje de mis días parece estar compuesto, como las regiones montañosas, de materiales diversos amontonados sin orden alguno. Veo allí mi naturaleza, ya compleja, formada por partes iguales de instinto y de cultura. Aquí y allá afloran los granitos de lo inevitable: por doquier, los desmoronamientos del azar. Trato de recorrer nuevamente mi vida en busca de su plan, seguir una vena de plomo o de oro, o el fluir de un río subterráneo, pero este plan ficticio no es más que una ilusión óptica del recuerdo.

Marguerite Yourcenar
Memorias de Adriano, Edhasa

Comprensión del texto

1 Escucha atentamente y lee el fragmento de la escritora francesa Marguerite Yourcenar.

2 Marca cuál de las siguientes afirmaciones define mejor el texto.

a) Una novela en la que se cuenta la vida del emperador Adriano.

b) Una carta ficticia en la que el emperador Adriano trata de contar su vida.

c) Una autobiografía del emperador Adriano.

d) Una biografía ficticia del emperador Adriano.

3 ¿En qué momento de su vida se encuentran, respectivamente, el emisor y el receptor de este pasaje? ¿Qué relación crees que existe entre ambos? Justifica tu respuesta con pasajes del texto.

4 Los medios de conocimiento que el autor va a emplear para relatar su vida son:

a) El estudio y la lectura.

b) La observación de la conducta de los hombres y de uno mismo.

c) El estudio de uno mismo, la observación de los hombres, los libros.

d) Los libros de los historiadores, poetas y narradores.

5 Reúne toda la información sobre Adriano que se ofrece en el texto y contesta:

- ¿Qué le ocurre en el momento en el que redacta este pasaje?
- ¿Cuáles son y han sido sus principales ocupaciones? ¿Qué aficiones tiene?
- ¿Cuáles son sus cualidades más destacadas?

6 ¿Qué diferencia, en su opinión, su propia vida de la de un héroe? Explícalo con tus palabras.

7 Explica cuál crees que es el estado de ánimo de Adriano cuando escribe el texto.

8 Completa el siguiente cuadro con las metáforas que aparecen en las últimas líneas del fragmento.

TÉRMINO REAL	IMAGEN
	paisaje
	granitos
el azar	
un plan	imagen 1: imagen 2: un río subterráneo

9 ¿Cuál de las siguientes ilustraciones refleja mejor el paisaje con el que el narrador identifica su vida?

10 **T** Escribe ahora un resumen del contenido fragmento de M. Yourcenar.

Investigación

I **T** Busca información sobre la figura del emperador Adriano y escribe un breve texto en el que recojas los hechos fundamentales de su biografía.

II **T** Redacta un fragmento expositivo, de unas cinco líneas, sobre la vida y la obra de Marguerite Yourcenar.

Vocabulario

11 La palabra *informe* aparece dos veces en el texto de Yourcenar. Localízalas y contesta las siguientes cuestiones:

- ¿A qué categoría gramatical corresponde en cada oración este término?
- ¿Se trata de un caso de polisemia o de homonimia? Justifica tu respuesta.
- Explica el sentido con el que se emplea la palabra *informe* en cada enunciado.

12 Adriano se ve a sí mismo como «un enfermo que da audiencia a sus recuerdos». Explica con tus palabras el significado de la expresión subrayada.

13 Escribe ahora oraciones con sentido en las que combines el verbo *dar* con cada uno de los siguientes términos.

a) audiencia
b) impulso
c) tregua
d) ejemplo
e) palabra
f) cuerpo
g) fe
h) rienda
i) peso
j) fruto
k) alas
l) plantón
m) suelta
n) crédito
ñ) alcance
o) cabida
p) margen
q) risa

14 Adriano emplea tres adjetivos para referirse a la fórmula con la que la mayoría de los hombres resumen su vida. Escribe en la tabla su significado y un verbo de la misma familia léxica. Completa a partir de ellos la siguiente tabla.

ADJETIVO	VERBO	SIGNIFICADO
jactanciosa		
quejumbrosa		
recriminatoria		

15 Escribe tres enunciados que puedan calificarse, respectivamente, como *jactanciosos, quejumbrosos* o *recriminatorios.*

16 El narrador emplea en el fragmento las palabras *aclarar* y *amontonados*. Recuerda el concepto de parasíntesis (UNIDAD 1) y, siguiendo los ejemplos, escribe verbos parasintéticos formados a partir de los términos que se proponen a continuación:

Ejemplos: *montón → amontonar / claro → aclarar*

fresco   crudo   piedra   cabeza   cólera   rollo
garza   prieto   cristal   bolsa   crimen

17 Localiza en el fragmento términos sinónimos de las siguientes palabras.

a) enseñar ***b)*** maestro ***c)*** desahogo ***d)*** pensamiento ***e)*** ligereza

Expresión

18 **T** Redacta un texto similar al fragmento que has leído de las *Memorias de Adriano*. Para ello, ten en cuenta las siguientes pautas:

- Redáctalo en forma de carta dirigida a una persona más joven que tú (un hermano pequeño o un amigo, por ejemplo).
- Intenta explicar quién eres: cuáles han sido los sucesos fundamentales de tu vida, a qué te dedicas, cómo es tu personalidad, qué esperabas de la vida y qué has encontrado, etcétera.
- Selecciona bien la información que te parece imprescindible para que tu receptor se haga una idea de quién eres.

Textos de la vida cotidiana

1 La instancia

La **instancia** o **solicitud** es un texto mediante el cual se realiza una **petición** a un **organismo** o a una **autoridad.**

La instancia se redacta con la intención de **obtener algún beneficio** (ser admitido en un centro, conseguir una licencia para llevar a cabo obras o proyectos...) o para **recurrir** una decisión administrativa que se considera injusta (una multa, la calificación de un examen...).

La instancia posee una **estructura cerrada;** de hecho, es habitual que existan **plantillas** que simplemente deben rellenarse. Observa en el ejemplo las partes que suele presentar.

Nombre y apellidos: Alberto Conde Varela
Domicilio: c/ Aniversario n.º 4, 2.º B
Localidad: Los Abedules
Código postal: 00013
NIF: 043592-S
Teléfono: 812224698

EXPONE

1.° Que con fecha de 3 de noviembre de 2011 presentó una Solicitud de ayuda económica para la realización del proyecto de investigación «Uso de la energía solar en el centro de Los Abedules».

2.° Que al día de la fecha no ha recibido respuesta.

SOLICITA

Le sea comunicada, lo antes posible, la resolución de dicha petición.

Los Abedules, 2 de febrero de 2012

Fdo. Alberto Conde Varela

SR. CONCEJAL DE MEDIO AMBIENTE

1. Datos del solicitante. Nombre, lugar y fecha de nacimiento, DNI, domicilio, teléfono...

2. Exposición de los motivos de la petición. Encabezados por la expresión EXPONE y, normalmente, numerados.

3. Petición. Encabezada por la expresión SOLICITA; debe redactarse del modo más preciso posible, de manera que quede claro el objetivo del texto.

4. Despedida y cierre. Lugar y fecha, firma y, en el pie de la página, el nombre en mayúsculas del organismo o autoridad al que va dirigida la instancia.

Textos según su ámbito de uso

Según su **ámbito de uso,** los textos se clasifican en cuatro grandes áreas:

- Textos de la **vida cotidiana** y de las **relaciones sociales.**
- Textos de la **vida académica.**
- Textos de los **medios de comunicación.**
- Textos **literarios.**

Actividades

1 T Redacta una instancia adecuada a cada una de las siguientes situaciones; puedes inventar y añadir los datos que consideres necesarios.

a) María quiere que la admitan en un instituto para hacer un ciclo formativo de grado medio, pero ya se ha cerrado el plazo para presentar la documentación necesaria.

b) Luis está en el primer curso en la universidad y quiere que revisen su examen de Matemáticas porque no está de acuerdo con la nota que ha obtenido.

c) Alicia acaba de llegar a España y quiere que le convaliden sus estudios, realizados en su país de origen y equivalentes al graduado en Secundaria.

d) José Manuel solicita que se le conceda una beca para comprar sus libros de texto.

2 El currículum vítae

Consejos para elaborar el currículum vítae

- Debes presentar tu currículum utilizando el procesador de textos del ordenador, en tamaño DinA4 y en una fuente legible (Times New Roman, Arial…)
- No emplees coloquialismos, pero tampoco uses un léxico excesivamente rebuscado.
- No cometas errores ortográficos o gramaticales.
- No utilices abreviaturas.

El **currículum vítae** es un texto en el que **se exponen** de manera clara y precisa **datos biográficos** y **profesionales.**

El objetivo del currículum es que la persona que lo envía sea elegida para un determinado trabajo; el texto debe, por tanto, resaltar sus méritos.

Un currículum vítae debe incluir, al menos, los siguientes apartados:

- **Datos personales.** Nombre y apellidos, lugar y fecha de nacimiento, dirección postal y electrónica, teléfono, teléfono móvil… Debe incluirse también una fotografía actualizada tamaño carné.
- **Titulación académica.** Es necesario especificar la fecha y el centro donde fue obtenido cada título.
- **Cursos realizados.** Ha de indicarse, en cada caso, el título del curso, la entidad organizadora y las fechas en las que se realizó.
- **Experiencia profesional.** Si se ha trabajado con anterioridad, debe reflejarse dónde, en qué puesto y durante qué fechas.
- **Idiomas.** Es conveniente precisar el nivel de conocimiento (alto, medio, bajo) en las variantes oral y escrita de cada lengua.
- **Informática.** Indica aquellos conocimientos informáticos que poseas: sistemas operativos, procesadores de texto, hojas de cálculo, bases de datos, diseño gráfico…
- **Otros datos.** Pueden incluirse, para terminar, otras consideraciones respecto a las capacidades e inquietudes del interesado: trabajos voluntarios, estancias en el extranjero, disponibilidad, carné de conducir…

Para elaborar tu currículum vítae, puedes ajustarte al orden en el que se presentan los distintos apartados en esta página, aunque no se trata de un esquema rígido. Algunas empresas u organismos cuentan con sus propios modelos de currículum y existen también plantillas en formato electrónico.

Actividades

2 Redacta tu currículum vítae. Para ello, ten en cuenta las siguientes indicaciones.

- Prepara un borrador con los datos que incluirías en cada uno de los apartados.
- Piensa en cuáles crees que son tus principales aptitudes o capacidades: si trabajas bien en equipo, si tomas decisiones sin dudar, si eres trabajador, sistemático, creativo…
- Escoge el trabajo para el que te gustaría enviarlo y, finalmente, pásalo a limpio cuidando la ortografía y la presentación.

3 Observa los anuncios de trabajo reproducidos a continuación. Selecciona uno de ellos y redacta un currículum vítae que resulte apropiado. Debes inventar los datos personales y el perfil del solicitante.

Editorial necesita corrector de estilo.

Clínica veterinaria en zona rural precisa veterinarios.

Organismo internacional dedicado a la ayuda humanitaria busca profesionales de la salud para trabajar en zonas en conflicto.

Se solicita un guía turístico para ruta en Toledo.

Se necesitan camareros y ayudantes de cocina con experiencia.

3 El contrato

Un **contrato** es un texto en el que se pone por escrito un **pacto** o **acuerdo** entre **dos** o **más partes.**

La firma del contrato **compromete legalmente** a las personas que lo han firmado. Este tipo de documentos se redacta en **diversas situaciones:** para comprar, alquilar o vender una vivienda o una propiedad; para emplear a alguien en un puesto de trabajo; para prestar un servicio o ejecutar una obra...

Los contratos presentan una **estructura formalizada,** en la que se incluyen los apartados que puedes ver en el siguiente ejemplo.

CONTRATO DE ALQUILER

En Murcia, a 1 de febrero de 2011

REUNIDOS

DE UNA PARTE, Don Isidoro Martín, con DNI n.º 33334444-D y domicilio en c/ Argumosa, n.º 13, Pozuelo de Alarcón, Madrid, en adelante, EL ARRENDADOR.

Y DE OTRA PARTE, Doña Isabel Socia, con DNI n.º 55556666-P y domicilio en c/ Sarratella, n.º 5, Castellón, en adelante, LA ARRENDATARIA.

MANIFIESTAN

Que EL ARRENDADOR es propietario de la vivienda sita en la calle Bordadores, n.º 3, de Murcia. Que LA ARRENDATARIA está interesada en alquilar esa vivienda.

Acuerdan suscribir el presente contrato con arreglo a las siguientes

CLÁUSULAS

PRIMERA. La vivienda se arrienda vacía de mobiliario.

SEGUNDA. La duración del contrato será de un año, a contar desde la fecha del contrato.

TERCERA. La arrendataria deberá abonar mensualmente, como contraprestación por la utilización de la vivienda, la cantidad de 300 (trescientos) euros.

Y en prueba de conformidad, y para que conste a los efectos oportunos, se extiende y firma este documento, en lugar y fecha indicados al principio.

Isidoro Martín
EL ARRENDADOR

Isabel Socia
LA ARRENDATARIA

1. Lugar y fecha.

2. Listado de las personas presentes, incluyendo su nombre y apellidos, su DNI (o NIF) y dirección. Suelen organizarse según pertenezcan a la parte que contrata o a la contratada.

3. Objetivo del contrato expresado de forma sintética.

4. Cláusulas en las que se concretan las **condiciones del contrato.** Su lectura y comprobación es especialmente importante a la hora de firmar un contrato.

5. Fórmula de **despedida** y **firmas.**

Actividades

4 Lee atentamente el contrato reproducido más arriba y contesta las siguientes cuestiones:

- ¿Tendrá la arrendataria que amueblar el piso?
- ¿Tendrá doña Isabel Socia que pagar el mes de febrero?
- ¿Podrá la arrendataria vivir en esa propiedad durante los próximos cinco años?

5 Redacta ahora un contrato para cada una de las siguientes situaciones, inventando los datos que consideres necesarios.

a) Contrato para que una persona te dé clases particulares de inglés.

b) Contrato para que alguien saque a pasear tu perro.

4 Las disposiciones legales

¿Quién dicta la leyes?

- Las **leyes de rango superior** son promulgadas por el **Senado** y por el **Congreso de los Diputados.**
- También pueden dictar **disposiciones legales** el **gobierno central,** los **gobiernos autonómicos,** los **ayuntamientos...**

Las **disposiciones legales** son **normas** o **preceptos** de **obligado cumplimiento** mediante los cuales se **regula, ordena** o **prohíbe** algo.

Los textos legales presentan las siguientes características:

- Suelen organizarse en **artículos, apartados** y **subapartados,** que aparecen numerados para facilitar su manejo y comprensión.
- Incluyen, con frecuencia, **referencias** a **otras disposiciones legales.**
- Ofrecen **rasgos lingüísticos específicos,** como la utilización del futuro de indicativo, de perífrasis verbales de obligación (*deber* + infinitivo) o posibilidad (*poder* + infinitivo) y de un vocabulario específico.

Actividades

6 **T** Busca información en una enciclopedia o en Internet sobre estas expresiones.

a) flagrante delito ***b)*** cláusula de conciencia ***c)*** secreto profesional

7 Lee estos artículos de la Constitución Española ¿Qué artículos entran en conflicto en las situaciones que se plantean debajo? ¿Cuál debería prevalecer?

CAPÍTULO SEGUNDO. DERECHOS Y LIBERTADES

Artículo 18

1.º Se garantiza el derecho al honor, a la intimidad personal y familiar y a la propia imagen.

2.º El domicilio es inviolable. Ninguna entrada o registro podrá hacerse en él sin el consentimiento del titular o resolución judicial, salvo en caso de flagrante delito.

3.º Se garantiza el secreto de las comunicaciones y, en especial, de las postales, telegráficas y telefónicas, salvo resolución judicial.

Artículo 19

Los españoles tienen derecho a elegir libremente su residencia y a circular por el territorio nacional. Así mismo, tienen derecho a entrar y salir libremente de España en los términos que la ley establezca. Este derecho no podrá ser limitado por motivos políticos o religiosos.

Artículo 20

1.º Se reconocen y protegen los derechos:

a) A expresar y difundir libremente los pensamientos, ideas y opiniones mediante la palabra, el escrito o cualquier otro medio de reproducción.

b) A la producción y creación literaria, artística, científica y técnica.

c) A la libertad de cátedra.

d) A comunicar o recibir libremente información veraz para cualquier medio de difusión. La ley regulará el derecho a la cláusula de conciencia y al secreto profesional en el ejercicio de estas libertades.

2.º El ejercicio de estos derechos no puede restringirse mediante ningún tipo de censura.

Constitución española de 1978

a) Un presentador insulta a un personaje público.

b) En una obra de teatro se ridiculiza a un político.

c) Se publican unas fotografías, de una pareja de actores en su piscina privada.

8 ¿Qué puede hacer la policía en los siguientes casos, según la Constitución española?

a) Se oyen dentro de una casa gritos que permiten deducir que un hombre está agrediendo a su esposa.

b) Se ha sabido que una revista va a publicar en portada una información falsa que difama a un personaje público.

c) Hay sospechas de que un hombre está recibiendo instrucciones telefónicas para que cometa un atentado.

9 Reconoce en los artículos las características propias de los textos legales.

Los signos de puntuación (III)

En general, los **paréntesis** ( ) se utilizan para encerrar **aclaraciones** intercaladas en un enunciado. Los casos más habituales son los siguientes:

- En **incisos de cierta extensión** o que mantienen **escasa relación** con el resto del **enunciado:** *Sabía perfectamente inglés (su padre había sido embajador en Australia), pero no hablaba francés.*
- Para aportar **datos** o **precisiones** (fechas, lugares, cifras, significado de siglas, autor o procedencia de una cita…): *Richard Wagner nació en Leipzig (Alemania).*

Por su parte, los **corchetes** [ ] se emplean en los siguientes casos:

- Cuando dentro de un enunciado que va entre paréntesis quiere intercalarse una **aclaración:** *Algunas óperas de Verdi (*El trovador *[1853],* La fuerza del destino *[1862]) están basadas en dramas románticos españoles).*
- Se utiliza un corchete que encierra tres puntos suspensivos [...] cuando en una cita se **omite** una **parte del texto:** *En un lugar de la Mancha [...] vivía un hidalgo [...].*

Recuerda

- Los **incisos** también pueden aparecer **entre comas** o **entre rayas.**
- El **grado de separación** que indica el **paréntesis** es **mayor** que el que implican la **raya** y las **comas.**

Actividades

1 Justifica el uso de los paréntesis y los corchetes en los siguientes textos.

a) Escribe el filósofo Fernando Savater (San Sebastián, 1947) que «Alonso Quijano se convierte en Don Quijote para escapar a la melancolía. [...] Don Quijote no muere de quijotismo sino de renunciar finalmente a serlo y volver al alonsoquijanismo melancólico» *(La vida eterna).*

b) La OCDE (Organización para la Cooperación y el Desarrollo Económico) ha abierto el proceso para la incorporación de Rusia.

c) Lograr evitar completamente el *spam* (mensajes de correo electrónico no solicitados y en cantidades masivas) es muy complicado.

2 Añade los paréntesis y corchetes necesarios en los siguientes enunciados.

a) *L'étranger El extranjero* fue la primera novela de Albert Camus 1913-1960.

b) Ayer se subastó en la galería Christie's Nueva York un cuadro por 72 millones de dólares cerca de 53 millones de euros.

c) José Martínez Ruiz, *Azorín* Monóvar Alicante, 1873 vivió casi hasta los cien años.

d) Hube de recorrer media docena de establecimientos comerciales el videoclub del señor Boldo, el quiosco del señor Mariano, la mercería de la señora Eulalia hasta que puede encontrar quien me prestara un paraguas todos aducían necesitar el suyo, provisto del cual cogí tres autobuses.

3 Razona el empleo de los signos de puntuación que has añadido en la actividad anterior.

4 Copia en tu cuaderno el siguiente fragmento de Juan Marsé, añadiendo todos los signos de puntuación que consideres necesarios.

La extraña pareja

La solitaria pareja es extraña al paisaje como su manera de vestir lo es entre sí el joven pantalón tejano zapatillas de básket niki negro con una arrogante rosa de los vientos estampada en el pecho rodea con el brazo la cintura de la elegante muchacha vestido rosa de falda acampanada finos zapatos de tacón alto los hombros desnudos la melena rubia y lacia que apoya la cabeza en su hombro mientras se alejan despacio.

Juan Marsé
Últimas tardes con Teresa, Debolsillo

5 Justifica el uso de los signos de puntuación que has agregado en el fragmento de la actividad 4.

6 Escucha atentamente y copia en tu cuaderno el texto del dictado.

Repaso y desarrollo de competencias básicas

Instancia

Don Alejandro Vázquez Ríos, comisario de Policía de Tetuán, con el debido respeto y consideración a V. E.

EXPONE

Que ha llegado a su poder una carta de un individuo llamado Nemesio Cabra Gómez, de fecha 12-7-1918, actualmente detenido por orden gubernativa en los calabozos de la Jefatura de Policía de Barcelona. Que hace unos meses, y hallándose el que suscribe destinado en dicha Jefatura, tuvo ocasión de conocer y tratar al citado Nemesio Cabra Gómez, apreciando en él síntomas de trastorno mental, síntomas que más tarde se confirmaron y motivaron su internamiento en una de las casas de salud que para tales fines existen en nuestro país. Que, más adelante, y a la vista de su parcial recuperación y de que no presentaba indicios de peligrosidad, fue dado de alta por los facultativos y reintegrado a la vida social para en ella, merced al trabajo y contacto con las gentes, recuperar el equilibrio y cordura. Que hace pocas semanas fue detenido por una supuesta falsificación de cigarros puros. Que el antedicho Nemesio Cabra Gómez es incapaz de responsabilidad penal y que su encierro sólo puede contribuir a aumentar y hacer incurable su enfermedad. Por lo cual, y con el debido respeto y consideración a V. E.

SUPLICA

Se sirva conceder a la mayor brevedad posible la libertad al susodicho Nemesio Cabra Gómez para que éste pueda integrarse de nuevo a la vida social y llevar a feliz término su curación.

Es gracia que espero obtener del recto proceder de V. E. cuya vida guarde Dios muchos años.

Tetuán, al 17 de julio de 1918

Fdo.: Alejandro Vázquez Ríos
Comisario de Policía

EXCMO SR. MINISTRO DEL INTERIOR. MINISTERIO DEL INTERIOR. MADRID

Eduardo Mendoza
La verdad del caso Savolta, Seix Barral

1 Lee el fragmento de Eduardo Mendoza y contesta las siguientes cuestiones:

- ¿Quién es el emisor del texto?
- ¿A quién va dirigida la instancia?
- ¿Qué solicita exactamente?

2 Explica cuáles son los dos argumentos en los que el emisor basa su petición.

Primer argumento	
Segundo argumento	

3 Justifica razonadamente si son verdaderas (V) o falsas (F) las siguientes oraciones del texto.

- Nemesio Cabra está detenido en Madrid. ☐
- Alejandro Vázquez trabaja en la Jefatura de Policía de Barcelona. ☐
- Nemesio Cabra lleva detenido desde el 12 de julio. ☐
- Nemesio Cabra fue detenido por sus actividades políticas. ☐
- Alejandro Vázquez y Nemesio Cabra se conocieron hace menos de un año. ☐
- Unos meses antes de redactar el texto, Alejandro Vázquez fue trasladado a su nuevo destino. ☐

4 A partir de la tipología de textos que has estudiado en la UNIDAD 9, trata de clasificar este fragmento según su ámbito de uso. No olvides razonar tu respuesta.

5 Analiza la estructura del pasaje de *La verdad sobre el caso Savolta.*

6 Identifica en el fragmento de Eduardo Mendoza dos conectores y clasifícalos.

Conectores	Tipo

7 En el texto se hace mención a una carta fechada el 12 de julio de 1918. Especifica quiénes eran el emisor y el receptor de la carta.

8 ¿Cuál es la intención comunicativa de ese fragmento? Escríbela en tu cuaderno.

9 Imagina que el Ministro del Interior no concede su petición al emisor del pasaje que acabas de leer. Redacta los siguientes textos:

a) La carta en la que el Ministro comunica y justifica su resolución.

b) Un texto en el que el emisor solicita al Ministro que reconsidere su decisión.

Artículo 2. Derechos de los viajeros.

Son derechos de los viajeros los siguientes: [...]

d) Solicitar y obtener en todos los vehículos y en las terminales establecidas, el libro de reclamaciones, en el que podrán exponer cualquier reclamación sobre la prestación del servicio.

e) Recibir contestación del Consorcio Regional de Transportes en el plazo de un mes a las reclamaciones que formulen.

f) Que el estado de los vehículos sea el adecuado para que su utilización se realice en condiciones de comodidad, higiene y seguridad.

h) Obtener el reintegro del importe del viaje en caso de suspensión del servicio, en los términos estipulados en el artículo 16 de este Reglamento.

i) Portar objetos o bultos de mano, siempre que no supongan molestias o peligro para otros viajeros.

j) Transportar equipajes, con un máximo de 30 kilogramos de peso, en aquellas líneas que, por sus características, dispongan de vehículos dotados de bodega.

k) Las personas con movilidad reducida podrán descender de los vehículos por la puerta destinada al acceso de viajeros.

Artículo 25. Obligaciones de los viajeros.

Los viajeros deberán, en cualquier caso: [...]

c) Abstenerse de llevar bultos diferentes de los señalados en el artículo 2.i.

d) No viajar con animales, salvo perros guía en caso de invidentes, o pequeños animales domésticos, siempre y cuando los mismos sean transportados por sus dueños en receptáculos idóneos, y no produzcan molestias al olfato, al oído o en general al confort de los restantes viajeros. [...]

f) Subir o bajar del vehículo, en su caso, cuando éste se encuentre detenido en la parada, respetando el turno que le corresponda según el orden de llegada a la misma, así como descender del vehículo en las paradas de final de línea.

g) No escribir, pintar o ensuciar en cualquier forma el interior o exterior de los vehículos.

h) Abstenerse de distribuir pasquines, folletos y cualquier clase de propaganda o publicidad, dentro de los vehículos. [...]

j) No fumar, ni consumir drogas tóxicas, estupefacientes o bebidas alcohólicas, dentro de los vehículos.

k) Abstenerse de comer dentro de los vehículos.

l) No hablar al conductor mientras el vehículo esté en marcha.

BOCAM *(Boletín Oficial de la Comunidad de Madrid)*

10 Lee con atención los dos extractos del *Reglamento de viajeros del transporte interurbano de Madrid*.

11 Clasifica el texto del BOCAM según su ámbito de uso.

12 ¿Qué rasgos propios de esos textos reconoces?

13 Especifica si las siguientes acciones están o no permitidas en los autobuses de Madrid. Indica, en cada caso, qué artículo debe aplicarse.

- Llevar en una jaula un jilguero que canta sin parar. ☐
- Repartir publicidad de una cadena de hamburgueserías. ☐
- Beber un botellín de agua mineral durante el trayecto. ☐
- Realizar una consulta al conductor mientras el autobús se encuentra detenido en una parada. ☐

14 Indica qué debería hacer el conductor en los siguientes casos y justifica tu respuesta.

- Un viajero ha comprado una silla y pretende transportarla a su casa en autobús.
- Un viajero se queda dormido. El autobús llega al final de línea y el viajero, tras despertarse, pregunta al conductor si puede quedarse para iniciar sentado el nuevo trayecto.

15 Lee el siguiente poema, titulado *Currículum vitae*, de la poetisa peruana Blanca Varela, y trata de explicar con tus propias palabras la visión de la existencia que aparece en él.

Currículum vitae

digamos que ganaste la carrera
y que el premio
era otra carrera
que no bebiste el vino de la victoria
sino tu propia sal
que jamás escuchaste vítores
sino ladridos de perros
y que tu sombra
tu propia sombra
fue tu única
y desleal competidora.

Blanca Varela
amediavoz.com

16 **T** Tomando como modelo el poema anterior, redacta una composición poética titulada *Currículum vítae* en la que expreses tu manera de ver la vida.

17 **T** Redacta el currículum vítae que desearías tener cuando cumplas treinta años.

18 **T** Elabora un mapa conceptual con los contenidos tratados en el bloque de Conumicación de esta unidad.

La novela desde 1936

1 La novela en los años cuarenta

La familia de Pascual Duarte

Segador durmiendo, por José Vela Zanetti.

Pascual Duarte, condenado a muerte, trata de justificar sus crímenes (asesinó salvajemente al *Estirao*, amante de su hermana Rosario y de su esposa Lola, y a su propia madre) presentándolos como una consecuencia inevitable de su temperamento y del ambiente de pobreza y agresividad en el que ha vivido.

Las **dos novelas más importantes** de los **años cuarenta** son *La familia de Pascual Duarte*, de **Camilo José Cela**, y *Nada* de **Carmen Laforet.**

La familia de Pascual Duarte (1942) es la obra más representativa de la **novela tremendista,** que plasma con crudeza la **inhumanidad** y la **violencia** extrema de la España rural y, en último término, de la condición humana.

En su relato, Cela combina elementos de la **picaresca** (narración en 1.ª persona de un personaje marginal), el **naturalismo** (el supuesto determinismo del protagonista y la descripción de los aspectos más repulsivos de la realidad) y el **esperpento** (la tendencia a la exageración y la animalización de los personajes).

Nada (1945) se incluye, por su parte, en la **novela existencial.** En la narración de Carmen Laforet se refleja la **vaciedad** y **falta de expectativas vitales** en la España miserable y gris de la **primera posguerra.**

Actividades

1 Escucha y lee el siguiente fragmento de *Nada*. ¿Cuáles son los «deseos inconfesables» que experimenta la protagonista? Trata de describir su estado de ánimo.

Un aroma de muerte

Un atardecer oí en los alrededores de la catedral el lento caer de unas campanadas que hacían la ciudad más antigua. Levanté los ojos al cielo, que se ponía de un color más suave y más azul con las primeras estrellas, y me vino una impresión de belleza casi mística. Como un deseo de morirme allí, a un lado, mirando hacia arriba, debajo de la gran dulzura de la noche que empezaba a llegar. Y me dolió el pecho de hambre y de deseos inconfesables, al respirar. Era como si estuviese oliendo un aroma de muerte y me pareciera bueno por primera vez, después de haberme causado tanto terror. Cuando se levantó una fuerte ráfaga de brisa, yo estaba aún allí, apoyada contra una pared, entontecida y medio estática. Del viejo balcón de una casa ruinosa salió una sábana tendida, que al agitarse me sacó de mi marasmo. Yo no tenía la cabeza buena aquel día. La tela blanca me pareció un gran sudario y eché a correr… Llegué a la casa de la calle de Aribau medio loca.

Así de esta manera yo empecé a sentir la presencia de la muerte en la casa, cuando casi habían pasado dos meses de aquella tragedia.

Carmen Laforet
Nada, Destino

La taza de té, por André Derain.

2 Explica a qué «tragedia» crees que hace referencia la última frase del fragmento.

3 Identifica en el texto de Carmen Laforet un símil y explícalo.

4 Especifica el tipo de narrador del fragmento y justifica tu respuesta.

Nada

Andrea se instala en casa de sus tíos en Barcelona para estudiar en la Universidad. Allí experimenta un progresivo desencanto que culmina, tras el suicidio de su tío Román, con su marcha a Madrid.

2 La novela social

Durante los **años cincuenta** predomina en España la **novela social.**

Los títulos de esta tendencia pretenden ofrecer un **testimonio crítico** de la **sociedad española** de la época. Las dos obras principales son:

- ***La colmena,*** de **Cela** (1951). Retrata la **vida cotidiana** en **Madrid** durante tres días de diciembre de 1943 y presenta diversas técnicas narrativas:
  - **Protagonista colectivo.** Se reflejan las rutinas y miserias cotidianas de una multitud de personajes de diversa condición (prostitutas, poetas, opositores, la dueña de un café, un médico...) que luchan por **sobrevivir** en un entorno de **soledad** y **frustración.**
  - **Fragmentarismo y técnica del contrapunto.** La obra consta de doscientos quince fragmentos separados por espacios en blanco, a lo largo de los cuales un **narrador en tercera persona** desarrolla un tejido de **líneas argumentales simultáneas.**
- ***El Jarama,*** de **Rafael Sánchez Ferlosio** (1956). Cuenta la excursión al río Jarama de unos jóvenes en un domingo de verano. Tras una jornada anodina, una chica muere ahogada. Se pueden destacar las siguientes técnicas:
  - **Extensos diálogos.** Reflejan fielmente el **habla real** de la época. Casi siempre intrascendentes, en ellos se manifiesta el **tedio** y la **falta de inquietudes** de los protagonistas.
  - **Presencia de narrador objetivo.** Las **conversaciones** se ven interrumpidas por **descripciones muy elaboradas** en boca del narrador.

Actividades

5 Escucha atentamente y lee el siguiente texto de Camilo José Cela.

Aurora

La señorita Elvira se despierta pronto, pero no madruga. A la señorita Elvira le gusta estarse en la cama, muy tapada, pensando en sus cosas, o leyendo Los misterios de París, *sacando solo un poco la mano para sujetar el grueso, el mugriento, el desportillado volumen.*

La mañana sube, poco a poco, trepando como un gusano por los corazones de los hombres y de las mujeres de la ciudad; golpeando, casi con mimo, sobre los mirares[1] recién despiertos, esos mirares que jamás descubren horizontes nuevos, paisajes nuevos, nuevas decoraciones.

La mañana, esa mañana eternamente repetida, juega un poco, sin embargo, a cambiar la faz de la ciudad, ese sepulcro, esa cucaña[2], esa colmena... ¡Que Dios nos coja confesados!

Camilo José Cela
La colmena, Espasa Calpe

6 Analiza los recursos estilísticos empleados en el fragmento de *La colmena.*

7 Escucha atentamente y lee el fragmento de Rafael Sánchez Ferlosio.

8 Explica los temas que aparecen en los pasajes *Aurora* y *El río.*

9 Identifica las intervenciones del narrador en el texto de Sánchez Ferlosio.

10 Señala las diferencias de estos textos con respecto a las novelas de los cuarenta.

El Jarama

El río

—El río este lo que es muy traicionero. Todos los años se lleva alguno por delante.

—Todos —dijo el pastor.

El alcarreño:

—Y siempre de Madrid. La cosa: tiene que ser de Madrid; los otros no le gustan. Parece como que la tuviera con los madrileños. [...]

—Lo que es el río, bueno es él para conocer a nadie, ni tener consideraciones con ninguno. Sí que no es falso. Es en pleno verano, ¿eh?, tal como ahora, que ni agua parece que lleva; pues lo mismo le da: cuando se tercia, me engancha a alguno por un pie ¡y adentro!, que se lo tragó.

Rafael Sánchez Ferlosio
El Jarama, Destino

[1] **mirares:** miradas.

[2] **cucaña:** palo largo por el cual se ha de trepar o andar para coger un premio colocado en el extremo.

3 La novela experimental

En 1962 se publica *Tiempo de silencio,* de **Luis Martín Santos,** punto de partida de la llamada **novela experimental.**

Las novelas pertenecientes a esta corriente (*Cinco horas con Mario*, de **Miguel Delibes;** *Señas de identidad*, de **Juan Goytisolo;** *Volverás a Región*, de **Juan Benet;** o *La saga/fuga de J. B.*, de **Gonzalo Torrente Ballester**) plantean los mismos temas y argumentos que las de la década anterior, pero lo hacen utilizando unas **técnicas narrativas novedosas.**

TÉCNICAS NARRATIVAS
■ **Monólogo interior** que consiste en reproducir los pensamientos de los personajes de forma desorganizada y caótica, tal como brotan de su conciencia.
■ **Desorden cronológico** con saltos constantes en el tiempo tanto hacia delante (prolepsis) como hacia atrás (analepsis).
■ **Punto de vista múltiple y alternancia de personas narrativas.**
■ **Renovación estilística** que desemboca en una lengua literaria apartada del habla cotidiana.

La incorporación de estas estrategias narrativas es consecuencia del influjo de **autores extranjeros** como el irlandés **James Joyce** *(Ulises)* o el norteamericano **William Faulkner** *(El ruido y la furia).*

Tiempo de silencio

El preso, por Juan Genovés.

La novela narra el fracaso vital de Pedro, un prometedor médico cuyas expectativas se ven truncadas cuando se ve involucrado en un aborto clandestino y es detenido por la policía.

Actividades

11 Escucha atentamente y lee el siguiente fragmento de Miguel Delibes.

Puntos de vista

Ya sé que en el extranjero trabajan las chicas, pero aquello es una confusión, ni principios ni nada, que debemos defender lo nuestro hasta con las uñas si fuera preciso. Los extranjerotes esos, con todos sus adelantos, nada tienen que enseñarnos. [...] Recuerda el artículo de papá, que lo tengo recortado, una maravilla, cada vez que lo leo se me pone la carne de gallina, fíjate, y ese final, «máquinas quizá no, pero valores espirituales y decencia para exportar», que es la pura verdad, y tocante a valores religiosos, no digamos, Mario, cariño, lo que pasa es que ahora os ha dado la monomanía de la cultura y andáis revolviendo cielo y tierra para que los pobres estudien, otra equivocación, que a los pobres los sacas de su centro y no te sirven ni para finos ni para bastos, les echáis a perder, convéncete, en seguida quieren ser señores y eso no puede ser, cada uno debe arreglárselas dentro de su clase como se hizo siempre, que me hacéis gracia con esa campaña de «El Correo», que yo no sé como no lo cierran de una vez, la verdad, para que todos los chicos, ricos y pobres, puedan ir a la universidad, menudo lío, que eso es una sandez, y perdona mi franqueza.

Miguel Delibes
Cinco horas con Mario, Destino

12 ¿Cuáles son las ideas de la narradora sobre los siguientes temas?

a) El papel de la mujer en la sociedad.
b) Las clases sociales.
c) España y el entorno europeo.
d) La educación y la cultura.

13 ¿Cuáles eran, según se deduce de la narradora, los planteamientos de su marido?

14 ¿Qué técnica narrativa aparece en el fragmento? Justifícalo.

Cinco horas con Mario

Representación de la versión teatral de *Cinco horas con Mario* (Teatro Reina Victoria Madrid, 2011).

La novela consiste en un extenso soliloquio pronunciado por Menchu, una mujer de provincias, frustrada e intolerante, mientras vela durante la noche el cadáver de Mario, su marido, un intelectual que defendía las ideas progresistas.

Repaso y desarrollo de competencias básicas

1 Lee con atención el siguiente texto de Gonzalo Torrente Ballester y contesta las cuestiones que se plantean debajo.

Sabandija

Don Acisclo no me dio tiempo a defenderme, menos aún de explicarme. Sacó a relucir mi pasado de extremista peligroso. Que sólo un concepto mal entendido de la caridad había llevado a don Celso a admitirme de profesor en la Academia. Que el propósito secreto de La Tabla Redonda era el de hacer saltar los fundamentos de la Religión y de la Patria. Que únicamente la ceguera de las autoridades había permitido que las cosas llegasen al punto en que estaban, pero que él se sentía dispuesto a lo que fuese para aniquilar aquella subversión, aquel intento de levantar la cabeza la hidra judeomarxista. A don Acisclo, cuando hablaba, se le movían de arriba a bajo las cejas grises y enormes, que casi hacían remolinos en el aire, y don Celso asentía con movimientos de cabeza o diciendo: «Sí, sí, sí…». Cuando le llegó el turno a los insultos personales, me vi calificado de perro, sabandija, babosa, tití, serpiente de Lucifer, etc., y cuando, de pronto, el discurso de don Acisclo se deslizó del plano del dicterio al de la teología, me vi inmediatamente trasmudado en demonio de especie repelente, si bien maniatado ante aquel desbordamiento de palabras. Pero lo peor fue lo que me dijo don Celso cuando don Acisclo, fatigado y asqueado, le pasó el uso de la palabra como se pasa un garrote. «Al dar clases particulares sin conocimiento de esta Dirección, ha contravenido usted una de las reglas fundamentales del Colegio, por lo cual puede considerarse despedido desde ahora mismo». […] Salí de allí con una idea de mí mismo bastante confusa, si bien peyorativa, y la cosa no era para menos, y durante el trayecto desde la Academia al Café Suizo, donde me refugié, me sentí insultado: por don Tancredo Ramírez, el de la Camisería Inglesa, que me llamaba cerdo; por don Joaquín Limeses, el de la Joyería Moderna, que me llamaba asqueroso; por don Carlos Montenegro, el de La Novedad, Tejidos Finos, que me llamaba bicho; por el señor Paco Rodríguez, de La Riveirana, Vinos y Comidas, que me llamaba tío mierda; por doña Inmaculada Blázquez, Viuda de Penedo, de «Mano di fata», quincallería y lanas para tejer, que me llamaba hereje… Creo que, de haber seguido caminando, todos los vivos y los muertos de Castroforte me hubieran llamado cosas feas.

Gonzalo Torrente Ballester
La saga / fuga de J. B., Alianza

- ¿Quiénes son don Acisclo y don Celso? Trata de deducirlo a partir del texto.
- ¿Qué crees que es La Tabla Redonda?
- ¿A qué se dedica el protagonista del relato? ¿Por qué es despedido?
- ¿En qué lugar transcurren los hechos?
- ¿Cómo caracterizarías a las personas que viven en esa ciudad? ¿Por qué razón insultan al protagonista?
- ¿En qué época crees que transcurre la acción?

2 Escucha atentamente y lee ahora el siguiente texto de *La familia de Pascual Duarte,* de Camilo José Cela.

Pascual Duarte

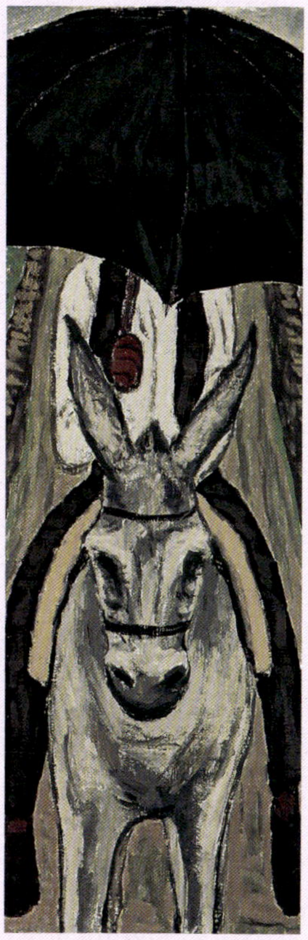

Yo, señor, no soy malo, aunque no me faltarían motivos para serlo. Los mismos cueros tenemos todos los mortales al nacer y sin embargo, cuando vamos creciendo, el destino se complace en variarnos como si fuésemos de cera y en destinarnos por sendas diferentes al mismo fin: la muerte. Hay hombres a quienes se les ordena marchar por el camino de las ***flores****, y hombres a quienes se les manda tirar por el camino de los* ***cardos*** *y de las chumberas. Aquellos gozan de un mirar sereno y al aroma de su felicidad sonríen con la cara del inocente; estos otros sufren del sol violento de la llanura y arrugan el ceño como las alimañas por defenderse. Hay mucha diferencia entre adornarse las carnes con arrebol y colonia, y hacerlo con* ***tatuajes*** *que después nadie ha de borrar ya.*

Nací hace ya muchos años —lo menos cincuenta y cinco— en un pueblo perdido por la provincia de Badajoz; el pueblo estaba a unas dos leguas de Almendralejo, agachado sobre una carretera lisa y larga como un día sin pan, lisa y larga como los días —de una lisura y una largura como usted, para su bien, no puede ni figurarse— de un condenado a muerte.

Camilo José Cela
La familia de Pascual Duarte, Destino

- ¿En qué situación se encuentra el protagonista mientras escribe? ¿Cómo lo has deducido?
- ¿Crees que, para él, los seres humanos somos libres?
- ¿En qué corriente novelística de la segunda mitad del siglo XIX encontramos una idea semejante?
- ¿La novela se ambienta en territorio real o imaginario?

3 ¿Qué valor simbólico presentan las palabras en azul?

4 Localiza ahora cuatro símiles o comparaciones.

5 Especifica el tipo de narrador de los dos fragmentos.

6 Sitúa las dos novelas en la evolución de la narrativa española posterior a la Guerra Civil.

7 **T** Elabora un mapa conceptual con los contenidos de la parte de Educación literaria de esta unidad.

Tiempo de silencio

Aunque, durante las primeras horas, pudiera creerse que el silencio reina en aquellas confusas galerías, esta impresión es errónea y se debe a la escasez de señales acústicas significativas y a la escasa importancia, en el primer momento, de ruidos y rumores que, sin embargo, existen. Puede hacerse, a este respecto, un rápido inventario. Ante todo son constantes los ruidos de agua que corre, que se deben a los escapes de váteres y lavabos. Luego se advierte el eco y cóncava resonancia de las voces que podemos llamar exteriores, lamento de ciego vendiendo lotería, monótona mujer gruesa que pregona los periódicos, cláxones apagados por la distancia. Otras voces, por el contrario son interiores y tienen mayor interés. Las más constantes son las que profieren los guardianes libres de servicio jugando a las cartas durante todo el día y toda la noche en la plazuela central del laberinto. Las más sorprendentes son las risas y juegos del *kindergarten*[1] subterráneo que forman los niños de las detenidas en la celda común que, por su pequeña edad, acompañan a sus madres. Estos niños corren, gritan y ríen solo dentro de un espacio restringido, pero sus voces llegan hasta la más recóndita celda. Por último, constantemente se cree oír el nombre de algunos de los detenidos cuando es llamado, ya para declaración, ya para traslado, ya para su libertad. La espera configura la materia prima de las vibraciones de forma que cada detenido cree, cuando aguza su oído, escuchar su propio nombre en boca de alguno de los inmediatos servidores del poder que radica unos metros más arriba.

Llegada la noche se da una manta parda al detenido. Llegado el día se le retira exigiéndole sea doblada por sus pliegues. Estos acontecimientos y los más banales del rancho o de la orina dan forma de calendario a un tiempo que, por lo demás, se muestra uniformemente constituido de angustia y virtudes teologales.

El destino fatal. La resignación. Estar aquí quieto el tiempo que sea necesario. Aprender a estar mirando un punto de la pared hasta ir, poco a poco, concentrándose en un vacío sin pensamiento. Relajación autógena[2]. Yoga. Estar tendido quieto. Tocar la pared despacio con una mano. Relax. Dominar la angustia. Saber que no pasa nada grave, que no hay más que esperar en silencio, que no puede pasar nada grave, hasta que el nudo se deshaga igual que se ha hecho. [...] ¿Por qué fui? No pensar. No hay por qué pensar en lo que ya está hecho. Es inútil intentar recorrer otra vez los errores que uno ha cometido. Todos los hombres cometen errores. Todos los hombres se equivocan. Todos los hombres buscan su perdición por un camino complicado o sencillo.

Luis Martín Santos
Tiempo de silencio, Seix Barral

[1]***kindergarten:*** jardín de infancia, guardería.

[2]**autógena:** que se produce por la concentración del sujeto sobre sí mismo.

Análisis del contenido

1 Escucha atentamente y lee el fragmento de *Tiempo de silencio,* de Luis Martín Santos.

2 ¿Dónde crees que se encuentra el protagonista? Justifica tu respuesta con al menos tres palabras del texto.

3 ¿Crees que el lugar en el que transcurre la acción está en medio de una ciudad o se trata de un lugar aislado? Explica cómo lo has deducido.

4 ¿Qué hechos permiten al personaje medir el paso del tiempo?

5 **T** Averigua cuáles son las «virtudes teologales» y trata de explicar la frase del texto en la que aparece este sintagma.

6 ¿Qué estado de ánimo se refleja en el último párrafo del fragmento? ¿Qué está intentando el protagonista?

7 Explica, a partir del pasaje de *Tiempo de silencio,* en qué condiciones se encontraban los detenidos en las cárceles de la época.

Análisis de la forma

8 Establece la estructura del primer párrafo del texto. Para ello, copia en tu cuaderno el siguiente esquema y complétalo.

Sonidos

1. ______
2. Voces ______
   - 2.1. ______
   - 2.2. ______
   - 2.3. ______
3. Voces ______
   - 3.1. ______
   - 3.2. ______
   - 3.3. ______
     - 3.3.1. Para ser interrogado
     - 3.3.2. Para ______
     - 3.3.3. Para ______

9 ¿Qué modalidad textual (narración, descripción, diálogo, exposición o argumentación) aparece en el párrafo al que se refiere la pregunta anterior? Justifica tu respuesta.

10 Especifica argumentadamente qué técnica narrativa se emplea en el último párrafo del texto.

11 Analiza el uso de la anáfora en este pasaje de Luis Martín Santos.

12 Identifica otros recursos estilísticos empleados por el autor.

Relación con el contexto

13 Teniendo en cuenta lo que sabes de la novela de Martín Santos, trata de explicar a qué se refiere el protagonista con la expresión «¿Por qué fui?».

14 Sitúa razonadamente este texto en la evolución de la novela española posterior a la Guerra Civil.

La novela actual

La narrativa actual (desde 1975 hasta hoy) se caracteriza por una gran heterogeneidad de temas y estilos. Los novelistas ambientan sus relatos en épocas pasadas o en la actualidad; escriben una prosa sencilla o enormemente artificiosa; incluyen largas reflexiones que interrumpen la historia o hacen que la acción avance trepidante.

NUEVO REALISMO Algunos narradores, recuperando las estrategias narrativas del realismo decimonónico, construyen novelas que reflejan **temas** y **preocupaciones** de la **sociedad contemporánea.** En ellas, lo importante es la acción y la descripción de los personajes y de su entorno inmediato. Una de las más destacadas representantes de esta tendencia es la escritora **Almudena Grandes** (Madrid, 1960).

Septiembre

La primera mañana de clase del curso académico 2000-2001, el aire del vestíbulo del colegio olía a judías verdes cocidas, muy pasadas. Tamara Olmedo Fernández, nueva, arrugó discretamente la nariz contra aquel aroma pocho y tristón, y anotó en su resquebrajado ánimo una flamante arruga paralela. Judías verdes a las nueve de la mañana, exclamó para sí misma, qué horror.

***Retrato*, por R. Aguilar More.**

Su reloj nuevo, que tenía cronómetro, segundero, calendario, y hasta luz, le confirmó que aún faltaban diez minutos para el timbre, y decidió apurarlos al aire libre, sentada en el escalón más próximo a la entrada principal del edificio. [...] Ahora, Ferrán, y Laura, y Nacho el alto, veteranos ya de varios años, estarían acordándose de ella, preguntándose en voz alta como serían su casa, su colegio, sus amigos. O a lo mejor ni siquiera..., se atrevió a calcular con los labios cerrados, y esa sospecha terminó de apretar el nudo de su garganta, el irritante misterio de la melancolía que envolvía el recuerdo de aquel lugar tan aburrido, su viejo colegio, como si ella nunca hubiera llegado a aburrirse allí de verdad.

Almudena GRANDES
Los aires difíciles, Tusquets

1 Escucha con atención y lee el texto de Almudena Grandes.

2 Resume la situación que se plantea en el fragmento *Septiembre*.

3 ¿En qué piensa la protagonista cuando se sienta a la puerta del colegio?

4 Indica qué tipo de narrador aparece en el pasaje de *Los aires difíciles*.

NOVELA HISTÓRICA Esta tendencia, que pretende **recrear fielmente el pasado,** ha sido cultivada por escritores como **Arturo Pérez-Reverte** (Cartagena, 1951), autor de la serie de novelas protagonizadas por el **capitán Alatriste** y de otros títulos como *Cabo Trafalgar* o *El asedio*.

Trafalgar

Nicolás Marrajo Sánchez, natural de la ensenada[1] *de Barbate, provincia de Cádiz, hijo de madre poco clara, sin trabajo ni profesión conocida salvo la de pícaro, contrabandista, rufián y buscavidas, escoria de las Españas, reclutado forzoso por un piquete de leva*[2] *en la taberna* La Gallinita de Cai, *se envuelve la bandera roja y amarilla en torno a la cintura, remetiéndosela por la faja, y se pone a trepar como puede por los obenques*[3]*, tropezando, resbalando en los balanceos y sujetándose de milagro, mientras todos los ingleses del mundo y la perra que los trajo apuntan con sus mosquetes y le disparan, pam, pam, pam, [...] y él sube y sube y requetesube, una mano, un pie, otra mano, otro pie, entrecortado el aliento, los pulmones en carne viva y los ojos desorbitados por el esfuerzo, blasfemando y jiñándose a gritos en cuanto albergan el cielo y la tierra, cagoendiezycagoentodo, sin mirar abajo, ni al mar, ni al paisaje desolador de la batalla, ni al tres puentes inglés cuyos tiradores, poco a poco, sorprendidos sin duda por esa solitaria figura que trepa al palo del barco moribundo con una bandera sujeta a la cintura, van dejando de disparar, y lo observan, y hasta algunos empiezan a animarlo con gritos burlones al principio y admirados luego, hasta que el fuego de mosquetería cesa por completo. Y cuando por fin Marrajo llega a la boca de lobo de la cofa*[4]*, y allí, las manos temblando, con uñas y dientes, como puede, anuda la bandera y esta se despliega en la brisa, desde el navío inglés llega el clamor de los enemigos que lo vitorean.*

Arturo PÉREZ-REVERTE
Cabo Trafalgar, Punto de Lectura

[1] **ensenada:** parte del mar que entra en la tierra.

[2] **piquete de leva:** grupo pequeño de soldados que han sido reclutados por la fuerza.

[3] **obenques:** cuerdas gruesas que sujetan los mástiles a unas plataformas ubicadas en los costados de los buques.

[4] **cofa:** plataforma colocada en la parte alta de un mástil, que servía como puesto de observación.

5 Escucha atentamente y lee el texto de Arturo Pérez-Reverte.

6 ¿Crees que el protagonista es un héroe o un antihéroe? Razona tu respuesta con frases extraídas del pasaje.

NOVELA POLICÍACA En *La verdad sobre el caso Savolta*, de **Eduardo Mendoza** (Barcelona, 1943), o en algunas novelas de **Antonio Muñoz Molina** (Úbeda, 1956), como *El invierno en Lisboa*, *Beltenebros* o *Plenilunio*, encontramos un aprovechamiento de motivos y procedimientos narrativos característicos de la novela policíaca.

El largo adiós

—Te llevaré a Lisboa —dijo—. No haré preguntas. Estoy enamorado de ti. [...]

—Vete con Billy Swann, toma un avión mañana mismo. Vas a ser el mejor pianista negro del mundo.

—Eso no valdrá nada si tú no estás conmigo. Haré lo que tú quieras. Haré que te enamores otra vez de mí.

—Sigues sin entender que yo lo daría todo porque ocurriera eso. Pero lo único que de verdad deseo es morirme. Siempre. Ahora. Aquí mismo.

Nunca, ni cuando se conocieron, había vislumbrado Biralbo en sus ojos una ternura así: pensó con dolor y orgullo y desesperación que nunca volvería encontrarla en los ojos de nadie. Al apartarse, Lucrecia lo besó entreabriendo los labios. Dejó que la bata de seda roja se deslizara hacia el suelo y entró desnuda en el cuarto de baño.

Biralbo se acercó a la puerta cerrada. Con la mano inmóvil en el pomo escuchó el rumor del agua. Olió a tierra húmeda y a espesura de helechos cuando caminaba hacia el automóvil. Solo al ponerlo en marcha y aceptar que irremediablemente se iba entendió las últimas palabras que le había dicho Lucrecia.

Antonio Muñoz Molina
El invierno en Lisboa, Seix Barral

***Grupo de jazz*, por Antón.**

7 Escucha atentamente y lee el fragmento de *El invierno en Lisboa*, de Antonio Muñoz Molina.

8 Explica la situación que se relata en el texto.

9 Identifica en el pasaje elementos de la novela policíaca.

AUTOFICCIÓN Se denomina *autoficción* la utilización de **material biográfico del autor** para la **construcción de un relato literario.** Es frecuente que el narrador presente circunstancias vitales similares e, incluso, el mismo nombre que el autor.

Algunos ejemplos reseñables de esta tendencia son *Soldados de Salamina*, de **Javier Cercas** (Ibahernando, 1962); *El mal de Montano* o *Doctor Pasavento*, de **Enrique Vila-Matas** (Barcelona, 1948); *Sefarad*, de **Antonio Muñoz Molina;** y *Negra espalda del tiempo*, de **Javier Marías** (Madrid, 1951). Este último es autor de títulos fundamentales de la novela contemporánea como *Corazón tan blanco*, *Mañana en la batalla piensa en mí* o *Tu rostro mañana*.

***Madre*, por Alexandra Alexandrovich Dejneka.**

Julianín

Qué habría sido de mi hermano muerto con tres años y medio, Julianín su nombre o así lo llamaron mis padres durante sus breves días, es normal que no haya dicho «sus padres» ni «nuestros padres» en primera instancia porque no lo conocí y su realidad no es la mía, al no tener de él más que cuentos y ningún recuerdo, y él de mí no haber sabido jamás nada. [...] De haber vivido más ese niño es posible que yo no hubiera nacido o no hubiera sido el mismo, ambas cosas son idénticas. Y qué, si no hubiera nacido, lo mismo que y qué, si mi hermano se difuminó y despidió tan pronto, como si la débil rueda del mundo hubiera carecido de fuerzas para incorporarlo del todo a su giro y el tiempo de tiempo para asistir a sus afanes y afectos y agravios, o hubiera tenido prisa por desprenderse de su voluntad incipiente y hacerlo así transitar por su revés o su negra espalda convertido en un fantasma.

Javier Marías
Negra espalda del tiempo, Alfaguara

10 Escucha atentamente y lee el fragmento de *Negra espalda del tiempo*, de Javier Marías.

11 A partir del texto que acabas de leer, trata de explicar el título de la novela a la que pertenece.

12 Explica los recursos estilísticos que aparecen en el texto de Javier Marías.

UNIDAD 12

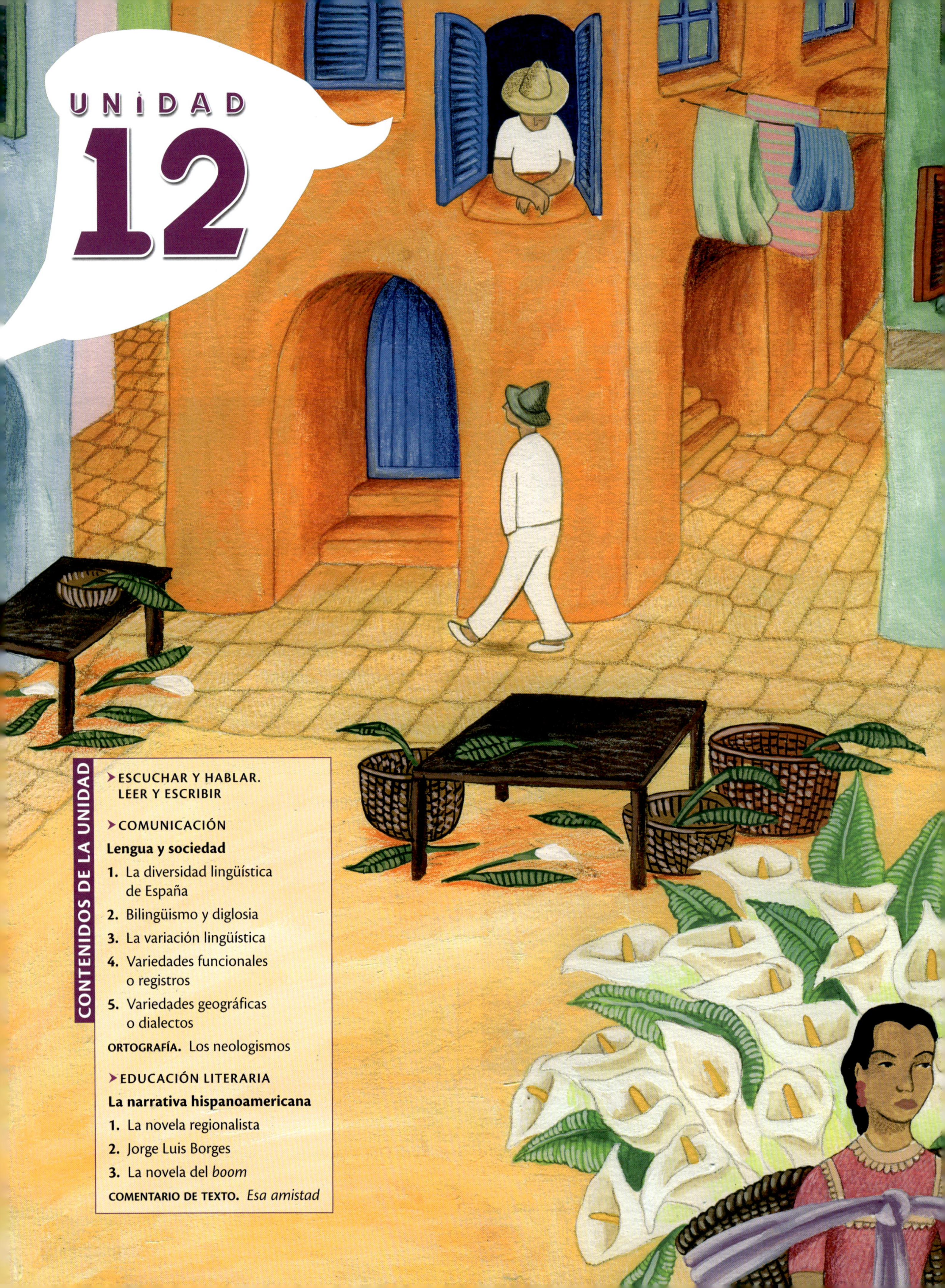

CONTENIDOS DE LA UNIDAD

1. Escucha atentamente la canción *Al vent* (1959), del cantautor Raimon, una especie de himno contra la dictadura durante los últimos años del franquismo.

Al vent

Al vent,
la cara al vent,
el cor al vent,
les mans al vent,
els ulls al vent,
al vent del món.

I tots,
tots plens de nit,
buscant la llum,
buscant la pau,
buscant a déu,
al vent del món.

La vida ens dóna penes,
ja el nèixer és un gran plor:
la vida pot ser eixe plor;
però nosaltres

al vent,
la cara al vent,
el cor al vent...

Raimon
Nova Integral. Edició 2000, Picap

Traducción

Al viento,
la cara al viento,
el corazón al viento,
las manos al viento,
los ojos al viento,
al viento del mundo.

Y todos,
todos llenos de noche,
buscando la luz,
buscando la paz,
buscando a dios,
al viento del mundo.

La vida nos da penas,
ya al nacer es un gran llanto:
la vida puede ser ese llanto;
pero nosotros

al viento
la cara al viento,
el corazón al viento...

2. Realizad, en clase, una puesta en común a partir de estas dos cuestiones:

- ¿Qué creéis que simbolizan en el texto la noche, la luz y el viento?
- ¿Cómo puede interpretarse, por tanto, la composición?

3. Escuchad ahora *Campanas de Bastabales*, un poema de Rosalía de Castro al que ha puesto música Amancio Prada, y explicad en voz alta su contenido.

Campanas de Bastabales

Campanas de Bastabales,
cando vos oio tocar,
mórrome de soidades.

Cando vos oio tocar,
campaniñas, campaniñas,
sin querer torno a chorar.

Cando de lonxe vos oio
penso que por min chamades
e das entrañas me doio.

Dóiome de dór ferida,
que antes tiña vida enteira
e hoxe teño media vida.

Só media me deixaron
os que de aló me trouxeron,
os que de aló me roubaron.
Non me roubaron, traidores,
¡ai!, uns amores toliños,
¡ai!, uns toliños amores.
Que os amores xa fuxiron,
as soidades viñeron...
de pena me consumiron.

Rosalía de Castro
www.arrakis.es

Traducción

Campanas de Bastabales,
cuando os oigo tocar,
me muero de añoranzas.

Cuando os oigo tocar,
campanitas, campanitas,
sin querer vuelvo a llorar.

Cuando de lejos os oigo
pienso que por mí llamáis
y de las entrañas me duelo.

Me duelo de dolor herida,
que antes tenía vida entera
y hoy tengo media vida.

Solo media me dejaron
los que de allá me trajeron,
los que de allá me robaron.
No me robaron, traidores,
¡ay!, unos amores locos,
¡ay!, unos locos amores.
Que los amores ya huyeron,
las soledades vinieron...
de pena me consumieron.

Pedro Páramo

Vine a Comala porque me dijeron que acá vivía mi padre, un tal Pedro Páramo. Mi madre me lo dijo. Y yo le prometí que vendría a verlo en cuanto ella muriera. Le apreté sus manos en señal de que lo haría; pues ella estaba por morirse y yo en un plan de prometerlo todo. «No dejes de ir a visitarlo —me recomendó—. Se llama de este modo y de este otro. Estoy segura de que le dará gusto conocerte». Entonces no pude hacer otra cosa sino decirle que así lo haría, y de tanto decírselo se lo seguí diciendo aun después que a mis manos les costó trabajo zafarse de sus manos muertas.

Todavía antes me había dicho:

—No vayas a pedirle nada. Exígele lo nuestro. Lo que estuvo obligado a darme y nunca me dio... El olvido en que nos tuvo, mi hijo, cobráselo caro.

—Así lo haré, madre.

Pero no pensé cumplir mi promesa. Hasta que ahora pronto comencé a llenarme de sueños, a darle vuelo a las ilusiones. Y de este modo se me fue formando un mundo alrededor de la esperanza que era aquel señor llamado Pedro Páramo, el marido de mi madre. Por eso vine a Comala.

Era ese tiempo de la canícula[1], cuando el aire de agosto sopla caliente, envenenado por el olor podrido de las saponarias[2]. El camino subía y bajaba: *«Sube o baja según se va o se viene. Para el que va, sube; para el que viene, baja».*

—¿Cómo dice usted que se llama el pueblo que se ve allá abajo?

—Comala, señor. [...]

—¿Y por qué se ve esto tan triste?

—Son los tiempos, señor.

Yo imaginaba ver aquello a través de los recuerdos de mi madre; de su nostalgia, entre retazos de suspiros. Siempre vivió ella suspirando por Comala, por el retorno; pero jamás volvió. Ahora yo vengo en su lugar. Traigo los ojos con que ella miró estas cosas, porque me dio sus ojos para ver: *«Hay allí, pasando el puerto de Los Colimotes, la vista muy hermosa de una llanura verde, algo amarilla por el maíz maduro. Desde ese lugar se ve Comala, blanqueando la tierra, iluminándola durante la noche».* Y su voz era secreta, casi apagada, como si hablara consigo misma... Mi madre.

—¿Y a qué va usted a Comala, si se puede saber?

—Voy a ver a mi padre —contesté. [...]

—¿Y qué trazas tiene su padre, si se puede saber?

—No lo conozco —le dije—. Solo sé que se llama Pedro Páramo.

—¡Ah!, vaya.

—Sí, así me dijeron que se llamaba.

Oí otra vez el «¡ah!» del arriero. Me había topado con él en Los Encuentros donde se cruzaban varios caminos. Me estuve allí esperando, hasta que al fin apareció este hombre. [...] Fui tras él tratando de emparejarme a su paso, hasta que pareció darse cuenta de que lo seguía y disminuyó la prisa de su carrera. Después los dos íbamos tan pegados que casi nos tocábamos los hombros.

—Yo también soy hijo de Pedro Páramo —me dijo.

Juan Rulfo
Pedro Páramo, Cátedra

[1]**canícula:** período del año en el que es más fuerte el calor.

[2]**saponarias:** plantas herbáceas.

Comprensión del texto

1 Escucha atentamente y lee el fragmento de *Pedro Páramo,* obra del escritor mexicano Juan Rulfo.

2 Contesta las siguientes cuestiones sobre el texto.

- ¿En qué circunstancias y a quién prometió el narrador ir a Comala?
- ¿Cuáles eran, en un principio, sus intenciones?
- ¿Por qué decidió ir finalmente? Trata de explicar con tus propias palabras los motivos del personaje.

3 Señala si las siguientes afirmaciones son verdaderas (V) o son falsas (F). Justifica tus respuestas con pasajes del texto.

- El narrador no conoce a su padre. ☐
- Pedro Páramo abandonó a su mujer y a su hijo. ☐
- La madre del narrador vivió siempre en Comala. ☐
- El narrador es arriero. ☐
- El narrador tiene un hermano arriero. ☐
- El narrador se encuentra con su hermano, a quien no conocía. ☐
- El narrador va a Comala en primavera. ☐
- El narrador va a Comala a reclamar dinero a su padre. ☐

4 ¿Quién crees que pronuncia las frases del texto que van entrecomilladas y en cursiva? Explica cómo lo has deducido.

5 ¿Qué diferencias encuentra el narrador entre la Comala que su madre le había descrito y la real?

6 Explica qué información sobre la vida y la personalidad de Pedro Páramo puede deducirse de la última afirmación del arriero.

7 Indica cuál de las siguientes ilustraciones crees que refleja mejor el paisaje al que se alude en el texto de *Pedro Páramo.*

8 Justifica por qué podemos decir que estos temas aparecen en el fragmento de Juan Rulfo.

a) El abandono
b) La muerte
c) La memoria
d) Las ilusiones frustradas
e) El rencor
f) La soledad

9 Recuerda de cursos anteriores qué es una analepsis y localiza alguna en el penúltimo párrafo del texto.

10 **T** Escribe un resumen de no mas de ocho líneas sobre el contenido de este pasaje de *Pedro Páramo.*

Investigación

I **T** Busca información en una enciclopedia o en Internet y escribe una biografía de Juan Rulfo en cinco o seis líneas.

II **T** Relaciona los siguientes autores hispanoamericanos con su país de origen.

Juan Carlos Onetti
Miguel Ángel Asturias
Alejo Carpentier
Ernesto Sábato
Julio Cortázar
Carlos Fuentes
Gabriel García Márquez
Mario Vargas Llosa

Perú · Colombia · Argentina · Guatemala · México · Uruguay · Cuba

Aprisco

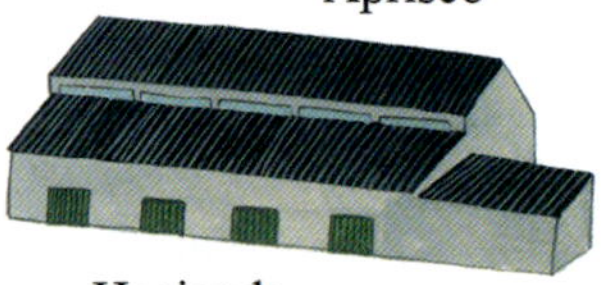

Hacienda

Quinta

Chacra

Almiar

Alquería

Hórreo

Henil

Chiquero

Porqueriza

Silo

Majada

Vocabulario

11 El autor de *Pedro Páramo,* Juan Rulfo, es de origen mexicano; por ello, el texto que has analizado incluye algunas expresiones propias de la variedad del castellano utilizada en esa zona. Sustituye las palabras subrayadas en las siguientes oraciones por las que tú hubieras usado.

a) Me dijeron que acá vivía mi padre... →

b) Se lo seguí diciendo aun después que a mis manos... →

c) Hasta que ahora pronto comencé... →

12 El narrador ha hecho una *promesa* a su madre. Explica la diferencia de significado entre este término y los siguientes.

a) compromiso ***b)*** pacto ***c)*** voto ***d)*** juramento

13 Construye una oración de al menos diez palabras con cada uno de las palabras de la actividad anterior.

14 Escribe una oración en la que combines el vocablo *promesa* con cada uno de los siguientes verbos del recuadro.

arrancar	contraer	cumplir	faltar (a)	quebrantar	romper

15 La madre del narrador hablaba «entre retazos de suspiros». ¿Qué significa esta expresión? ¿A qué término suele referirse la palabra *retazo*?

16 La profesión de arriero corresponde al ámbito del campo. Explica en qué consiste.

17 Los siguientes términos hacen referencia a otros oficios rurales. Averigua qué tarea desempeña cada uno y organízalos en dos grupos, según se refieran al cultivo o a la cría y el cuidado de animales.

bracero viticultor vaquero aparcero mayoral
segador apicultor horticultor avicultor

18 **T** Copia la siguiente tabla en tu cuaderno y clasifica en ella las palabras que acompañan a las ilustraciones del margen. Puedes utilizar el diccionario si lo necesitas.

Lugares donde se reúne o guarda el ganado	
Lugares donde se guardan la paja o el grano	
Finca o granja	

19 Localiza las siguientes palabras en el texto y sustitúyelas por el sinónimo que consideres más adecuado. Justifica en cada caso tu respuesta.

a) *zafarse* (soltarse / escaparse)

b) *trazas* (aspecto / habilidad)

c) *nostalgia* (tristeza / añoranza)

d) *disminuyó* (aminoró / empequeñeció)

Expresión

20 A partir de las palabras que pronuncia en el texto la madre del narrador, imagina qué pudo suceder entre ella y Pedro Páramo. Después, cuenta esa historia en tres párrafos, utilizando la tercera persona. Incluye en tu narración los datos que figuran a continuación:

- Cómo, cuándo y dónde se conocieron Pedro Páramo y la mujer.
- Por qué motivo crees que se separaron estos personajes y en qué momento.
- Qué clase de persona supones que era Pedro Páramo.

Lengua y sociedad

1 La diversidad lingüística de España

En **España** conviven **varias lenguas;** se trata, por tanto, de un **estado plurilingüe.**

La lengua oficial común de todo el Estado español es el **castellano** o **español.** Además, son cooficiales en sus respectivas comunidades:

- El **catalán,** en **Cataluña** y en las **Illes Balears.**
- El **valenciano,** que pertenece al ámbito lingüístico del **catalán,** en la **Comunidad Valenciana.**
- El **gallego,** en **Galicia.**
- El **vasco** o **euskera,** en el **País Vasco** y algunas zonas de la **Comunidad Foral de Navarra.**

También se emplean en España los siguientes dialectos y lenguas:

- **Dialectos históricos del latín.** Se trata de variedades locales, muy fragmentadas, como es el caso de las **hablas aragonesas** (en el norte de Aragón, al pie de los Pirineos) y del **bable** (en algunas zonas rurales de Asturias). Los llamados dialectos históricos constituyen un **patrimonio cultural** que es necesario conservar tal como recogen los Estatutos de Aragón y del Pricipado de Astirias, respectivamente.
- **Aranés.** Hablado en el Valle de Arán (Lleida), el Estatuto de Autonomía de Cataluña (2006) la declaró **lengua cooficial** en esta comunidad.

Origen de las lenguas de España

- El vasco es una lengua **prerromana,** que no procede, por tanto, del latín, ni pertenece a la familia de las lenguas indoeuropeas. Su origen es incierto: presenta algunas semejanzas con **lenguas bereberes** del norte de África, y también con **lenguas caucásicas.**
- Las **demás lenguas de España** proceden del **latín;** se trata, por lo tanto, de **lenguas románicas** o **romances.**
- El **castellano,** el **catalán** y el **gallego** se desarrollaron como lenguas en torno al **siglo X,** tras un lento periodo de diferenciación que comienza con la fragmentación del latín tras la caída del Imperio romano.

2 Bilingüismo y diglosia

El **bilingüismo** puede entenderse en dos sentidos:

- Se considera que una **persona** es **bilingüe** cuando es capaz de **expresarse indistintamente** en **dos lenguas.**
- Una **comunidad** (región, país...) es bilingüe si en ella **conviven dos lenguas.**

Se produce una situación de **diglosia** cuando en una comunidad coexisten dos lenguas con una distribución desigual: una de ellas se emplea en la **escuela,** en los **medios de comunicación,** en la **administración** y en la comunicación **escrita,** la otra se utiliza **oralmente,** en el ámbito **familiar** o **privado.**

Durante la dictadura de Franco, el catalán, el gallego y el vasco fueron excluidos de los contextos públicos y formales. Con la llegada de la democracia, la Constitución de 1978 y los Estatutos de Autonomía de las comunidades bilingües reconocieron la cooficialidad de las lenguas propias. Desde entonces, se han desarrollado **políticas de normalización lingüística** para lograr un bilingüismo efectivo y evitar las situaciones de diglosia.

Actividades

1 Pon ejemplos de al menos otros tres estados europeos plurilingües.

2 T Elabora en tu cuaderno un mapa de España en el que se resalten con distintos colores las comunidades bilingües.

3 La variación lingüística

Todos los hablantes del castellano comparten el mismo código lingüístico; sin embargo, lo emplean de **manera diferente** dependiendo de las **circunstancias** en que se produce la **comunicación** o la **procedencia** de los interlocutores.

Se distinguen **dos tipos de variedades lingüísticas:** los **registros** y los **dialectos.**

Las **variedades funcionales** o **registros** son las que dependen de la **situación comunicativa.** Este concepto engloba tres factores:

- El **lugar** en el que se encuentran los hablantes.
- La **relación** que existe entre ellos.
- La **forma de transmisión** (oral o escrita) del mensaje.

Así, nos expresamos de modo distinto en la consulta del médico o en el salón de casa; hablando con un amigo o con un desconocido; en un examen o en una conversación telefónica. En cada caso, se debe **escoger** el registro que resulte **más adecuado.**

Por su parte, las **variedades geográficas** o **dialectos** se relacionan con el **lugar de origen** del hablante. Así, reconocemos si una persona es canaria, aragonesa o asturiana por su pronunciación, entonación o el léxico que emplea.

Los vulgarismos

Sea cual sea el dialecto o registro del castellano que utilicemos, debemos **evitar** cometer **vulgarismos** o incorrecciones. Algunos de los más frecuentes son los siguientes:

- **dijistes* por *dijiste*
- **andé* por *anduve*
- **haiga* por *haya*
- **alante* por *delante*
- **detrás mío* por *detrás de mí*
- **contra más* por *cuanto más*
- **pienso de que* por *pienso que*
- **me se* por *se me*

Actividades

3 Lee atentamente el siguiente texto y realiza las actividades que se plantean debajo.

Mar adentro

(Siempre desde el punto de vista subjetivo del tetrapléjico, vemos a JAVI entrando en cuadro y extrayendo un rollo de papel en el que se aprecia la caligrafía de RAMÓN. [...] El bolígrafo de RAMÓN tacha varias palabras de un texto mecanografiado.)

RAMÓN.—*Vamos a ver. ¿Qué pone aquí?* (RAMÓN señala sobre el papel.)

JAVI.—(Leyendo.) *No es así la vida que va...*

RAMÓN.—*Pues no, señor. Ahí tenía que decir: no es así la vida, punto, qué va. Y ese qué con acento... La muerte es mi amiga, coma, ¿dónde está la coma ahí?... la quiero y la respeto... Pero bueno, ¿a ti qué te enseñan en la escuela?*

(JAVI no sabe qué contestar. Se queda mirando fijamente el papel.)

RAMÓN.—*Y qué carallo si solo tienes que fijarte en lo que te doy. Hasta tu abuelo lo haría mejor. Mira, Javi, si vas a ayudarme así prefiero que no lo hagas, porque al final me haces trabajar dos veces...*

(JAVI sigue mirando el papel con la mandíbula apretada.)

RAMÓN.—(Conciliador.) *Venga, pon un poco más de atención, ¿de acuerdo?*

Alejandro AMENÁBAR y Mateo GIL
Mar adentro (guión cinematográfico), Espiral

4 Deduce la situación en la que se hallan los personajes y la relación que existe entre ellos.

5 ¿De dónde crees que es Ramón? ¿Qué expresión te ha permitido averiguarlo?

6 Escribe en tu cuaderno todos los enunciados del diálogo que correspondan a la variedad escrita.

4 Variedades funcionales o registros

Dependiendo de la **relación** que existe **entre los hablantes,** se distinguen dos registros lingüísticos: el **registro coloquial** y el **registro formal.**

- **Registro coloquial.** Se emplea entre personas que mantienen una relación de **confianza** (amigos, familiares…).
- **Registro formal.** Se utiliza con personas con las que **no se tiene ese grado** de **cercanía** o **familiaridad.**

REGISTRO COLOQUIAL	REGISTRO FORMAL
■ Empleo de **muletillas** *(es que, pues, y tal…).* ■ Uso de **frases cortas** e **incompletas.** ■ **Léxico informal** *(curro, guay…)* y **frases hechas** *(vaya por Dios, hablar por hablar…).* ■ **Pronunciación relajada.** ■ Empleo de ***tú*** como **fórmula de tratamiento** y, en función del interlocutor, de **fórmulas nominales** como *papá, mamá, cariño, chaval, colega, tío / a…*	■ Uso de **oraciones más largas** y **elaboradas.** ■ **Vocabulario amplio** y **preciso.** ■ **Pronunciación cuidada.** ■ Empleo de ***usted*** como **fórmula de tratamiento** y de **fórmulas nominales** como *señor / a, caballero, profesor / a, doctor / a…*

Registros oral y escrito

Dependiendo del **canal** por el que se transmite el mensaje, se distinguen otros dos registros: **oral** y **escrito.**

Los **rasgos** del **registro oral** son los siguientes:

- Importancia de **elementos no lingüísticos** (gestos, movimientos, entonación…).
- Abundantes **repeticiones.**
- Uso de **interjecciones** *(oh, ah, ay, hola…),* de **vocativos** y de **enunciados exclamativos** e **interrogativos.**
- **Vacilaciones** y **oraciones interrumpidas.**

Actividades

7 Lee el siguiente texto de Javier Cercas. ¿Qué registros lingüísticos utilizan los personajes? ¿Y el narrador?

Un relato real

Esa misma noche, mientras cenaba con Conchi en un restaurante griego, le anuncié solemnemente, porque tenía necesidad de anunciárselo solemnemente, que, después de diez años sin escribir un libro, había llegado el momento de intentarlo de nuevo.

—¡De puta madre! —gritó Conchi […]—. Espero que no sea una novela.

—No —dije, muy seguro—. Es un relato real.

Se lo expliqué; creo que lo entendió.

—Será como una novela —resumí—. Solo que, en vez de ser todo mentira, todo es verdad.

—Mejor que no sea una novela.

—¿Por qué?

—Por nada —contestó—. Es solo que, en fin, querido, me parece que la imaginación no es tu fuerte.

—Eres un sol, Conchi.

—No te lo tomes así, chico. Lo que quiero decir es que… —como no podía decir lo que quería decir, cogió otro trozo de pan de pita y dijo: —Por cierto, ¿de qué va el libro?

—De la batalla de Salamina.

Javier CERCAS
Soldados de Salamina, Tusquets

8 Reconoce las características lingüísticas de los registros coloquial o formal que encuentres en el texto. A continuación, identifica rasgos del registro oral.

9 Especifica qué registros emplean los personajes del fragmento de la página anterior y localiza ejemplos de los rasgos lingüísticos correspondientes.

No entra

5 Variedades geográficas o dialectos

El español en el mundo

- En la actualidad, el español es hablado por unos **cuatrocientos millones de personas.**
- Es **lengua oficial** o **cooficial** en la mayoría de los países de **Hispanoamérica** y en **Guinea Ecuatorial;** y existen importantes comunidades de hispanohablantes en **Estados Unidos.**
- Es uno de los seis **idiomas oficiales de la ONU,** junto con el árabe, el chino, el francés, el inglés y el ruso.
- El **Instituto Cervantes** tiene como misión **difundir** el **castellano** y la **cultura española.**

El **castellano** presenta **múltiples dialectos,** aunque mantiene un **alto grado de cohesión.**

En el español se distinguen las siguientes variedades dialectales:

- **Variedades septentrionales.** Se dan en la mayor parte de Cantabria, Aragón, Castilla y León, Castilla-La Mancha, Madrid y La Rioja.
- **Variedades meridionales.** Corresponden a las habladas en Murcia, Andalucía, Extremadura, Islas Canarias, Ceuta y Melilla.
- **Variedades en contacto con otras lenguas** y **dialectos históricos.** Se producen en Galicia, el País Vasco, Navarra, Cataluña, Illes Balears y Comunidad Valenciana, así como en el norte de Aragón, en Asturias y en la parte occidental de León y Zamora.
- **Variedades hispanoamericanas.** En los países latinoamericanos de habla hispana.

Observa en la siguiente tabla los rasgos lingüísticos que distinguen unas variedades dialectales de otras.

PRINCIPALES RASGOS DIALECTALES

NIVEL	RASGOS	REGIONES
Rasgos fónicos	**Seseo.** Pronunciación de ***z*** como ***s:*** *sapato.*	En zonas de **Andalucía,** en **Canarias** y en toda **Hispanoamérica.**
	Ceceo. Pronunciación de ***s*** como ***z:*** *zopa.*	En parte de **Andalucía.**
	Yeísmo. Pronunciación de ***ll*** como ***y:*** *cabayo.*	En **casi todas las variedades** del español.
Rasgos morfosintácticos	**Voseo.** Uso del pronombre ***vos*** en lugar de ***tú:*** *vos cantás,* en vez de *tú cantas.*	En **Argentina** y **Uruguay.**
	Empleo de ***ustedes*** en lugar de ***vosotros*** para la segunda persona del plural.	En **Andalucía occidental,** en **Canarias** y en toda **Hispanoamérica.**
Rasgos léxicos	Utilización de un **léxico específico** característico de **cada región.**	En **Argentina,** por ejemplo, *colectivo* (autobús), *laburo* (trabajo), *subte* (metro), *pollera* (falda)…

Actividades

10 Lee el siguiente fragmento e indica qué variedad del castellano se emplea en él. A continuación, explica los fenómenos lingüísticos que te han permitido contestar.

Tu padre y yo

—Cecilita, decía tu padre, usted debería haber sido pintada por Rubens. Ah, me acuerdo que aquella noche estaba el chico de Martín Salas. En ese tiempo tenía nueve años y cara de imbécil y ahora, mirá vos, es secretario de nuestra Legación en Guatemala. […] Bueno, aquella noche estaba el chico de Martín Salas y dijo de repente: «Pero Rubens pintaba mujeres desnudas». Y la madre le dio un moquete con la mano cerrada, prácticamente una trompada, y le dejó este pómulo hecho una pelota. Sí, tu padre venía al principio por Cecilia. Después, aunque vos lo pongas en duda, me empezó a arrastrar el ala a mí.

—Pero si yo lo creo, tía.

—Ay, sos divino, Ramón. Y yo, boba de mí, lo tomé en serio, cuando él solo buscaba darle celos a tu madre.

Mario Benedetti
Gracias por el fuego, RBA

Los neologismos

Se denominan **neologismos** las **palabras** que se **han incorporado al idioma recientemente.** Muchos de ellos son **préstamos** tomados de otras lenguas.

Los neologismos deben escribirse y pronunciarse tal y como aparecen recogidos en *el Diccionario de la Real Academia (DRAE).* Existen varias posibilidades:

- En algunas ocasiones, la Real Academia ha incorporado los neologismos respetando su **grafía original:** *foie gras, affaire, dossier, stop...* Estos términos reciben el nombre de ***xenismos.***
- Otras veces, han sido **adaptados** a las reglas de la **ortografía española:** *fútbol* (de *football*), *mitin* (de *meeting*), *estándar* (de *standard*).
- Por último, el *DRAE* admite, en algunas palabras, **dos posibles grafías:** *chalé* y *chalet*.

El *DRAE* en la red

Si no dispones de la última edición del *Diccionario de la Real Academia,* puedes consultar la versión electrónica del mismo en la página web www.rae.es.

Actividades

1 En las siguientes oraciones faltan las tildes. Cópialas en tu cuaderno y realiza las actividades que se proponen debajo.

a) El conde aleman Ferdinand von Zeppelin invento el dirigible, que se llama tambien zepelin.

b) A partir del miercoles cenare siempre un sandwich de jamon y queso y un yogur.

c) Se le habia estropeado el modem y no tenia acceso a Internet.

d) En el plato donde se grababa el programa habian instalado dieciseis camaras.

e) Su manager le ha prohibido que conceda entrevistas.

- Subraya los neologismos que aparecen.
- Búscalos en la versión electrónica del *DRAE* y comprueba si llevan tilde.
- Acentúa correctamente el resto de las palabras.

2 En las siguientes oraciones se emplean extranjerismos no aceptados por la Real Academia Española. Sustitúyelos por términos equivalentes del castellano.

a) ¿Hay algún parking público cerca de aquí?

b) El coach de ese equipo tiene un palmarés envidiable.

c) Ese jugador es un mago del dribbling.

d) Encontrarás en esa página web varios links de interés.

3 Escribe neologismos admitidos por la Real Academia Española equivalentes a las siguientes expresiones castellanas.

mercadotecnia — recibidor

altavoz — anuncio

saque de esquina — patrocinador

aficionado — superventas

4 Completa con neologismos las siguientes oraciones, utilizando la grafía aceptada por la Real Academia Española.

a) He perdido el ______ de identidad.

b) La ______ es la bandera oficial del País Vasco.

c) ¿Qué prefieres una ensaimada o un ______ ?

d) El ______ de ese restaurante estudió en Francia.

e) Siempre lleva consigo un ______ de notas.

5 Escribe los neologismos que designan los siguientes conceptos.

a) Deportista de extraordinaria calidad. →

b) Pulsación que se hace en alguno de los botones del ratón de un ordenador. →

c) Confabulación de dos o más personas contra otra. →

d) Guía espiritual en la sociedad musulmana. →

e) Primera actuación de alguien en una actividad. →

f) Aparato que, mediante un destello, da la luz precisa para hacer una fotografía. →

g) Entretenimiento que se practica en ratos de ocio. →

h) Género musical basado en la improvisación y derivado de ritmos y melodías afronorteamericanos. →

i) Efecto cómico rápido e inesperado en una película o en otro tipo de espectáculo. →

6 Escoge el término correcto de cada pareja.

a) clubes / clubs

b) cabaré / cabaret

c) penalty / penalti

d) restaurant / restaurante

7 Averigua los idiomas de los que proceden todos los neologismos que han aparecido en esta página.

8 Escucha atentamente el texto y cópialo al dictado en tu cuaderno.

Repaso y desarrollo de competencias básicas

1 Lee el siguiente poema del escritor catalán Pere Quart.

Espero, sospito, temo, voldria

Espero que no em miri,
que no em vegi.
Sospito que hi és sempre,
que no falla,
que em té fitxat,
que no hi ha escapatòria.
Temo que m'amenaci,
que em castigui,
que em renyi,
que m'espiï,
que em segueixi. [...]
Voldria que em prengués d'una vegada
o que em mudés en fulla,
en pedra,
en àtom,
en silenci o aire,
en cosa pura, estúpida
del seu total reialme.

Pere Quart
en *Veintiún poetas catalanes para el siglo XXI*, Tusquets

2 Completa la traducción del poema anterior utilizando, entre otras, las palabras del recuadro.

mire	fichado	convirtiese	reino	riña
siga	vez	vea	hoja	

Espero, sospecho, temo, quisiera

______ *que no me* ______,
______
______ *que está* ______,
______,
que me tiene ______,
que no hay ______
______,
______,
______,
______,
______ *[...]*
______ *que me llevase* ______
______,
______,
______,
______,
______
de su ______ *total.*

3 ¿A quién se dirige el poeta? ¿Qué sentimientos le despierta el receptor? Indica si son positivos o negativos.

4 ¿Qué deseo expresa en los últimos siete versos?

5 **T** Vuelve a leer los poemas *Al vent* y *Campanas de Bastabales* apartado Escuchar y hablar, y contesta las cuestiones:

- ¿Cómo se escriben en catalán las palabras castellanas *ojos, noche, paz* y *llanto?*
- ¿Cómo se escriben en gallego *cuando, llorar, herida* y *hoy?*
- **T** Consulta en un diccionario etimológico o en Internet y busca los étimos latinos de los vocablos anteriores.
- ¿Qué distinto resultado da el grupo *pl-* inicial latino en castellano, en catalán y en gallego?

6 Lee ahora con atención este otro texto, de Mario Vargas Llosa, y realiza las actividades que se plantean debajo.

Fin de partida

Basta, déjate de niñerías, decía Chingolo, para de una vez que ellos estaban grandes para estas bromitas y queríamos bajarnos. Pero él ni de a juego, qué teníamos, ¿tremendos vejetes y con tanto miedo?, no se vayan a hacer pis, ¿dónde había una esquina con agua para dar una curvita resbalando? Estaba desatado y no podían convencerlo.

Cuéllar, viejo, ya estaba bien, déjanos en nuestras casas, y Lalo mañana se iba a casar, no quería romperse el alma la víspera, no seas inconsciente, que no se subiera a las veredas, no cruces con la luz roja a esta velocidad, que no fregara. Chocó contra un taxi en Alcanfores y Lalo no se hizo nada, pero Mañuco y Choto se hincharon la cara y él se rompió tres costillas. Nos peleamos y un tiempo después los llamó por teléfono y nos amistamos y fueron a comer juntos pero esta vez algo se había fregado entre ellos y él y nunca más fue como antes.

Desde entonces nos veíamos poco y cuando Mañuco se casó le envió parte de matrimonio sin invitación, y él no fue a la despedida y cuando Chingolo regresó de Estados Unidos casado con una gringa bonita y con dos hijos que apenitas chapurreaban español, Cuéllar ya se había ido a la montaña, a Tingo María, a sembrar café, decían, y cuando venía a Lima y lo encontraban en la calle, apenas nos saludábamos, qué hay cholo, cómo estás Pichulita, qué te cuentas viejo, ahí vamos, chau y ya había vuelto a Miraflores, más loco que nunca, y ya se había matado, yendo al norte, ¿cómo?, en un choque, ¿dónde?, en las traicioneras curvas de Pasamayo, pobre, decíamos en el entierro, cuánto sufrió, qué vida tuvo, pero este final es un hecho que se lo buscó.

Eran hombres hechos y derechos ya y teníamos todos mujer, carro, hijos que estudiaban en el Champagnat, la Inmaculada o el Santa María, y se estaban construyendo una casita para el verano en Ancón, Santa Rosa o las playas del sur.

Mario Vargas Llosa
Los cachorros, Alianza

- ¿Quiénes formaban el grupo de amigos al que se hace referencia? ¿Por qué se distanciaron de Píchula Cuéllar?
- ¿Qué le ocurrió a este personaje? ¿Y al resto de amigos?

7 Vuelve a escribir la última oración del segundo párrafo del texto *Fin de partida* («Nos peleamos [...] nunca fue como antes») como si la narrara en primera persona uno de los amigos.

8 Escríbela ahora en tercera persona, contada por un narrador omnisciente.

9 **T** Consulta el *Diccionario de la Real Academia Española* (www.rae.es) y averigua el significado que presentan en el texto las siguientes palabras.

a) vereda
b) fregar
c) carro
d) gringo

10 ¿De qué variedades del castellano son propios los términos de la actividad anterior?

11 Identifica ahora en el texto de Mario Vargas Llosa un adverbio y una interjección característicos de esa misma variedad.

12 Localiza en el fragmento de *Los cachorros* dos fórmulas nominales de tratamiento propias de la variedad que trata de reproducir el autor.

13 Teniendo en cuenta tu respuesta a la actividad 12, ¿crees que en el texto se emplea el registro coloquial o el formal?

14 Identifica en ese mismo pasaje algún otro rasgo del registro que has reconocido.

15 **T** Elabora en tu cuaderno un cuadro en el que asocies cada país con el número que figura en el mapa y en el que indiques qué lengua (o lenguas) son oficiales en él.

16 Lee atentamente el siguiente fragmento de Juan Ramón Jiménez y contesta las cuestiones que se plantean debajo.

El Vergel

Como hemos venido a la capital, he querido que Platero vea El Vergel... Llegamos despacito, verja abajo, en la grata sombra de las acacias y de los plátanos, que están cargados todavía. [...] Ya en la puerta, y cuando voy a entrar en el vergel, me dice el hombre azul que lo guarda con su caña amarilla y su gran reloj de plata:

—Er burro no pué'ntrá, zeñó.

—¿El burro? ¿Qué burro? —le digo yo, mirando más allá de Platero, olvidado, naturalmente, de su forma animal.

—¡Qué burro ha de zé, zeñó; qué burro ha de zéee...!

Entonces, ya en la realidad, como Platero «no puede entrar», por ser burro, yo, por ser hombre, no quiero entrar, y me voy de nuevo con él, verja arriba, acariciándole y hablándole de otra cosa.

Juan Ramón Jiménez
Platero y yo, Cátedra

- ¿Qué variedad geográfica o dialecto del español emplea el «hombre azul» con el que habla el narrador del fragmento? Indica qué fenómenos lingüísticos te han permitido deducirlo.
- Identifica en el texto *El Vergel*, de Juan Ramón Jiménez, una fórmula nominal de tratamiento.
- ¿Con qué registro relacionarías esa fórmula nominal? ¿Por qué crees que el emisor emplea esta variedad?

17 **T** Intenta conseguir una grabadora de bolsillo y graba con ella tu propio resumen oral del texto.

- Transcribe a continuación la grabación literalmente, sin omitir un solo sonido.
- **T** Escribe ahora un resumen del fragmento. ¿Qué diferencias observas entre tu texto y la versión que has grabado?

18 **T** Elabora un mapa conceptual con los contenidos tratados en el bloque de Comunicación de esta unidad.

La narrativa hispanoamericana

1 La novela regionalista

Durante la **primera mitad del siglo** XX, el rasgo unificador de la **narrativa hispanoamericana** es su **carácter realista.**

Dos son las notas específicas de la novela de este período, que ha recibido el nombre de **novela regionalista:**

- La **importancia de la naturaleza:** la selva amazónica (*La vorágine*, de **José Eustasio Rivera**), la llanura venezolana (*Doña Bárbara*, de **Rómulo Gallegos**) o la pampa argentina (*Don Segundo Sombra*, de **Ricardo Güiraldes**). Se trata, en todos los casos, de una naturaleza imponente, desaforada, a la que están sometidas las vidas de los hombres.
- La **voluntad de reflejar conflictos políticos y sociales:** la Revolución mexicana (*Los de abajo*, de **Mariano Azuela**) o la marginación de la población indígena (*Raza de bronce*, de **Alcides Arguedas;** *El mundo es ancho y ajeno*, de **Ciro Alegría;** o *Huasipungo*, de **Jorge Icaza**).

La vorágine

Maternidad, **por Diego Rivera.**

Oda a la selva

Oh selva, esposa del silencio, madre de la soledad y de la neblina! ¿Qué hado maligno me dejó prisionero en tu cárcel verde? [...] Déjame huir, oh selva, de tus enfermizas penumbras, formadas con el hálito de los seres que agonizaron en el abandono de tu majestad. ¡Tú misma pareces un cementerio enorme donde te pudres y resucitas! [...] ¡Déjame tornar a la tierra de donde vine, para desandar esa ruta de lágrimas y sangre que recorrí en nefando día, cuando tras la huella de una mujer me arrastré por montes y desiertos, en busca de la Venganza, diosa implacable que solo sonríe en las tumbas!

José Eustasio Rivera
La vorágine, Cátedra

Actividades

1. Escucha atentamente y lee el fragmento de *La vorágine*, del escritor colombiano José Eustasio Rivera, reproducido al margen.
2. Trata de reconstruir el argumento de la novela a la que pertenece.
3. ¿Qué rasgo de la novela regionalista reconoces en ese pasaje?
4. Escucha ahora y lee el fragmento de *Don Segundo Sombra*, obra fundamental de la llamada novela gauchesca. A continuación, contesta las cuestiones que se plantean debajo.

Don Segundo Sombra

La silueta reducida de mi padrino apareció en la lomada. Pensé que era muy pronto. Sin embargo, era él, lo sentía porque a pesar de la distancia no estaba lejos. Mi vista se ceñía enérgicamente sobre aquel pequeño movimiento en la pampa somnolienta. Ya iba a llegar a lo alto del camino y desaparecer. Se fue reduciendo como si lo cortaran de abajo en repetidos tajos. Sobre el punto negro del chambergo[1], mis ojos se aferraron con afán de hacer perdurar aquel rezago. Inútil, algo nublaba mi vista, tal vez el esfuerzo, y una luz llena de pequeñas vibraciones se extendió sobre la llanura. No sé qué extraña sugestión me proponía la presencia ilimitada de un alma. «Sombra», me repetí. Después pensé casi violentamente en mi padre adoptivo. ¿Rezar? ¿Dejar sencillamente fluir mi tristeza? No sé cuántas cosas se amontonaron en mi soledad. Pero eran cosas que un hombre jamás se confiesa.

Centrando mi voluntad en la ejecución de los pequeños hechos, di vuelta a mi caballo y, lentamente, me fui para las casas. Me fui, como quien se desangra.

Ricardo Güiraldes
Don Segundo Sombra, Cátedra

- ¿Qué relación existía entre el narrador y el personaje al que este se refiere en el pasaje?
- Trata de explicar los sentimientos que expresa el emisor.
- Reconoce los recursos estilísticos empleados en el texto.

[1] **chambergo:** sombrero de copa acampanada y ala ancha.

2 Jorge Luis Borges

Los **cuentos** del escritor argentino **Jorge Luis Borges** han ejercido una **influencia** decisiva en la **narrativa hispanoamericana posterior.**

Los relatos de Borges presentan dos **características** fundamentales:

- El carácter **especulativo,** pues constituyen, a menudo, deslumbrantes ejercicios intelectuales en los que se tejen hipótesis o conjeturas sobre el **tiempo,** el **lenguaje,** la **realidad** o el **yo.**
- El **antirrealismo,** tanto por la presencia de **elementos fantásticos** («El Aleph», «El inmortal») como por la **renuncia** a la **descripción** de **ambientes** o **personajes.**

Borges **configura** en sus cuentos un **universo propio,** en el que pueden rastrearse algunos **símbolos** o **procedimientos recurrentes.**

EL UNIVERSO BORGIANO
La **identificación** del **universo** con una inmensa **biblioteca** («La biblioteca de Babel») o con un **libro infinito** («El libro de arena») que el ser humano es incapaz de abarcar o comprender.
La presencia de **espejos** y **laberintos,** que subrayan lo ilusorio e indescrifrable de la existencia («El jardín de senderos que se bifurcan»).
La **referencia a otros textos** («Pierre Menard, autor del *Quijote*») o la presentación del relato como **glosa, traducción** o **cita** de otro texto, real o apócrifo («El informe de Brodie»).

Jorge Luis Borges

Nació en Buenos Aires en 1899. En un poema compuesto tras la muerte de su madre, escribió: «He cometido el peor de los pecados / que un hombre puede cometer. No he sido / feliz». Dedicó toda su vida a los libros: como poeta, narrador y ensayista, como erudito y lector empedernido, y como director de la Biblioteca Nacional de Buenos Aires. Ni siquiera la ceguera que padeció en sus últimos años aplacó esta pasión. Murió en Ginebra en 1986.

Actividades

5 Escucha atentamente y lee el fragmento de Jorge Luis Borges.

Del rigor en la ciencia

En aquel Imperio, el Arte de la Cartografía logró tal Perfección que el mapa de una sola Provincia ocupaba toda una Ciudad, y el mapa del Imperio, toda una Provincia. Con el tiempo, esos Mapas Desmesurados no satisficieron y los Colegios de Cartógrafos levantaron un Mapa del Imperio que tenía el tamaño del Imperio y coincidía puntualmente con él. Menos Adictas al Estudio de la Cartografía, las Generaciones Siguientes entendieron que ese dilatado Mapa era Inútil y no sin Impiedad lo entregaron a las Inclemencias del Sol y de los Inviernos. En los desiertos del Oeste perduran despedazados Ruinas del Mapa, habitadas por Animales y por Mendigos; en todo el País no hay otra reliquia de las Disciplinas Geográficas.

SUÁREZ MIRANDA, *Viajes de varones prudentes, Libro Cuarto, Cap. XLV, Lérida, 1658*

Jorge Luis BORGES
Obras completas II, Emecé

6 **T** Resume en dos o tres líneas el contenido del fragmento anterior.

7 ¿Qué características propias de la narrativa del autor se reflejan en el texto?

8 ¿Cuáles de los elementos del universo borgiano se observan en el pasaje?

9 Justifica por qué se pueden identificar en el texto el tratamiento de estos temas.

a) La sustitución de la realidad sensible por otra de ficción.

b) La necesidad de comprender la realidad y de orientarnos en ella.

c) La imposibilidad de descifrar la realidad.

3 La novela del *boom*

Cien años de soledad

Esta novela, la más representativa del realismo mágico, narra la historia de la **saga de los Buendía,** paradigma del mundo hispanoamericano pero, también, de la condición humana. Con un sustrato mítico, el autor cuenta en ella la vida de varias generaciones de la familia desde que José Arcadio Buendía y Úrsula Iguarán fundaran **Macondo,** espacio imaginario en el que se desarrolla la acción.

***Recogiendo flores,* por Terrance Klassen.**

Desde **finales** de los **cuarenta** y durante las **dos décadas siguientes,** se produce una eclosión de la **narrativa hispanoamericana** conocida como el ***boom.***

Los temas más frecuentes en las obras de los autores del *boom* son:

- La **problemática existencial** (la incomunicación, la muerte, el sentido de la vida…), en novelas como *El túnel*, de **Ernesto Sábato,** o *Rayuela*, de **Julio Cortázar,** se combina con la **reflexión sociopolítica** en narraciones de ambientación urbana como *Conversación en la catedral*, de **Vargas Llosa.**
- La **figura del dictador,** como parte de la realidad política hispanoamericana, en *El Señor Presidente*, de **Miguel Ángel Asturias;** *Yo, el Supremo*, de **Augusto Roa Bastos;** *El otoño del patriarca*, de **Gabriel García Márquez;** o *La fiesta del Chivo*, de **Mario Vargas Llosa.**
- La inserción de **elementos fantásticos, portentosos,** en la vida cotidiana, que son asumidos con naturalidad. Se trata del llamado **realismo mágico,** que encontramos en *El reino de este mundo*, de **Alejo Carpentier;** *Pedro Páramo*, de **Juan Rulfo;** o *Cien años de soledad*, de **García Márquez.**

Todos estos autores incorporan las **técnicas** de la **novela experimental:** alteración del orden cronológico lineal, renovación lingüística, multiplicidad de puntos de vista o construcción de personajes ambiguos, desdibujados.

Actividades

10 Escucha atentamente y lee este fragmento de *Cien años de soledad*, en el que se relata el origen de la fundación de Macondo, y resume su contenido.

La fundación de Macondo

José Arcadio Buendía, fastidiado por las alucinaciones de su mujer, salió al patio armado con la lanza. Allí estaba el muerto con su expresión triste.

—Vete al carajo —le gritó José Arcadio Buendía—. Cuantas veces regreses volveré a matarte. […]

Desde entonces no pudo dormir bien. Lo atormentaba la inmensa desolación con que el muerto lo había mirado desde la lluvia, la honda nostalgia con que añoraba a los vivos. […]

—Está bien, Prudencio —le dijo—. Nos iremos de este pueblo, lo más lejos que podamos, y no regresaremos jamás. Ahora vete tranquilo.

Fue así como emprendieron la travesía de la sierra. Varios amigos de José Arcadio Buendía, jóvenes como él, embullados[1] con la aventura, desmantelaron sus casas y cargaron con sus mujeres y sus hijos hacia la tierra que nadie les había prometido. […] Años después, durante la segunda guerra civil, el coronel Aureliano Buendía trató de hacer la misma ruta para tomarse Riohacha por sorpresa, y a los seis días de viaje comprendió que era una locura. Sin embargo, la noche en que acamparon junto al río, las huestes de su padre tenían un aspecto de náufragos sin escapatoria, pero su número había aumentado durante la travesía y todos estaban dispuestos (y lo consiguieron) a morir de viejos.

Gabriel García Márquez
Cien años de soledad, Espasa Calpe

11 Explica el concepto de realismo mágico a partir de la escena narrada.

12 Analiza las técnicas narrativas utilizadas en las dos últimas oraciones.

[1]**embullados:** animados, alborotados.

Repaso y desarrollo de competencias básicas

1 Escucha y lee el siguiente texto de Jorge Luís Borges.

La biblioteca de Babel

El universo (que otros llaman la Biblioteca) se compone de un número indefinido, y tal vez infinito, de galerías hexagonales, con vastos pozos de ventilación en el medio, cercados por barandas bajísimas. Desde cualquier hexágono, se ven los pisos inferiores y superiores: interminablemente. [...]

Como todos los hombres de la Biblioteca, he viajado en mi juventud; he peregrinado en busca de un libro, acaso del catálogo de catálogos; ahora que mis ojos casi no pueden descifrar lo que escribo, me preparo a morir a unas pocas leguas del hexágono en que nací. Muerto, no faltarán manos piadosas que me tieren por la baranda; mi sepultura será el aire insondable; mi cuerpo se hundirá largamente y se corromperá y disolverá en el viento engendrado por la caída, que es infinita. [...]

Un pensador observó que todos los libros, por diversos que sean, constan de elementos iguales: el espacio, el punto, la coma, las veintidós letras del alfabeto. También alegó un hecho que todos los viajeros han confirmado: no hay, en la vasta Biblioteca, dos libros idénticos. De estas premisas incontrovertibles dedujo que la Biblioteca es total y que sus anaqueles registran todas las posibles combinaciones de los veintitantos símbolos ortográficos (número, aunque vastísimo, no infinito), o sea todo lo que es dable expresar: en todos los idiomas. Todo: la historia minuciosa del porvenir, las autobiografías de los arcángeles, el catálogo fiel de la Biblioteca, miles y miles de catálogos falsos, la demostración de la falacia de esos catálogos, la demostración de la falacia del catálogo verdadero, [...] la relación verídica de tu muerte, la versión de cada libro a todas las lenguas, las interpolaciones de cada libro en todos los libros, el tratado que Beda pudo escribir (y no escribió) sobre la mitología de los sajones, los libros perdidos de Tácito.

Jorge Luis Borges
Obras completas I, Emecé

2 ¿Qué contiene la Biblioteca de la que habla el narrador?

3 ¿Ha conocido algún otro lugar, además de la Biblioteca? ¿En qué situación se encuentra cuando escribe el relato?

4 Identifica todas aquellas palabras en las que se hacen presentes el emisor y el receptor del texto.

5 ¿Qué rasgos de los cuentos de Borges se reconocen?

6 Los protagonistas de *Rayuela* —Horacio Oliveira y La Maga—, inventan un idioma llamado *glíglico*. Lee en voz alta este fragmento y realiza las actividades.

Capítulo 68

Apenas él le amalaba el noema, a ella se le agolpaba el clémiso y caían en hidromurias, en salvajes ambonios, en sustalos exasperantes. Cada vez que él procuraba relamar las incopelusas, se enredaba en un grimado quejumbroso y tenía que envulsionarse de cara al nóvalo, sintiendo cómo poco a poco las arnillas se espejunaban, se iban apeltronando, reduplimiendo, hasta quedar tendido como el trimalciato de ergomanina al que se le han dejado caer unas fílulas de cariaconcia. Y sin embargo era apenas el principio, porque en un momento dado ella se tordulaba los hurgalios, consintiendo en que él aproximara suavemente sus orfelunios. Apenas se entreplumaban, algo como un ulucordio los encrestoriaba, los extrayustaba y paramovía, de pronto era el linón, la esterfurosa convulcante de las mátricas, la jadehollante embocapluvia del orgumio, los esproemios del merpasmo en una sobrehumítica agopausa. ¡Evohé! ¡Evohé! Volposados en la cresta del murelio, se sentían balparamar, perlinos y márulos. Temblaba el troc, se vencían las marioplumas, y todo se resolviraba en un profundo pínice, en niolamas de argutendidas gasas, en carinias casi crueles que los ordopenaban hasta el límite de las gunfias.

Julio Cortázar
Rayuela, Edhasa

- Escribe todas las palabras inventadas que forman parte del léxico del glíglico y deduce su categoría gramatical.
- Las raíces de algunas palabras remiten a términos del español. ¿A qué vocablos hacen referencia?
- ¿Cuántos personajes participan en la acción? ¿Qué crees que están haciendo?

7 Este curso has leído otro texto escrito en un idioma inventado. Recuérdalo y deduce qué movimientos literarios influyeron en Cortázar.

8 Sitúa la obra a la que pertenece el texto en la evolución de la novela hispanoamericana del siglo XX. ¿Qué rasgos de la narrativa del período en el que se inscribe reconoces en el fragmento?

9 T Busca información en una enciclopedia o Internet y averigua qué narradores hispanoamericanos han obtenido el Premio Nobel de Literatura. En cada caso, especifica en qué año lo consiguieron.

10 T Elabora un mapa conceptual con los principales contenidos de la parte de Educación literaria de esta unidad.

Esa amistad

Salió Jacobo del aula, lento y angosto en su desvaído terno[1] azul, y se les acercó, risueño y decepcionado, los exámenes eran una broma, Aída no tenía de qué preocuparse, el presidente del jurado, un químico, sabía de letras menos que tú o yo. Había que contestar con seguridad, solo al que dudaba lo jalaba[2]. Me había caído mal, piensa, pero cuando llamaron a Aída y la acompañaron hasta el aula y regresaron a la banca y conversaron solos, te cayó bien, Zavalita. Se te quitaron los celos, piensa, y comencé a admirarlo. Había terminado el colegio hacía dos años, no ingresó a San Marcos el año anterior por una tifoidea, opinaba como quien da hachazos. Te sentías mareado, imperialismo, idealismo, como un caníbal que ve rascacielos, materialismo, conciencia social, confuso, inmoral. Cuando sanó, venía en las tardes a dar vueltas por la Facultad de Letras, iba a leer a la Biblioteca Nacional, y sabía todo y tenía respuestas para todo y hablaba de todo, piensa, menos de él. ¿En qué colegio había estudiado, era judía su familia, tenía hermanos, en qué calle vivía? No se impacientaba con las preguntas, era prolijo e impersonal en sus explicaciones, el aprismo[3] significaba reformismo y el comunismo revolución. ¿Llegó alguna vez a estimarte y a odiarte, piensa, a envidiarte como tú a él? Iba a estudiar Derecho e Historia y tú lo escuchabas deslumbrado, Zavalita: estudiaban juntos, iban a la imprenta clandestina juntos, conspiraban, militaban, preparaban juntos la Revolución.

¿Qué pensaba de ti, piensa, qué pensaría ahora de ti? Aída llegó a la banca con los ojos chispeando: la balota[4] uno, se había cansado de hablarles. La felicitaron, fumaron, salieron a la calle. Los automóviles pasaban por Padre Jerónimo con los faros encendidos, y una brisa lustral les refrescaba la cara mientras bajaban por Azángaro, locuaces, excitados, hacia el Parque Universitario. Aída tenía sed, Jacobo hambre, ¿por qué no iban a tomar algo? propuso Santiago, ellos buena idea, él los invitaba y Aída uy qué burgués. No fuimos a la chingana[5] de la Colmena a comer panes con chicharrón sino a contarnos nuestros proyectos, piensa, a hacernos amigos discutiendo hasta perder la voz. Nunca más esa exaltación, esa generosidad. Piensa: esa amistad.

Mario Vargas Llosa
Conversación en la catedral, Seix Barral

[1]**terno:** conjunto de pantalón, chaleco y chaqueta.

[2]**jalaba:** suspendía.

[3]**aprismo:** ideología del APRA, un histórico partido político peruano.

[4]**balota:** bolita con número en un sorteo.

[5]**chingana:** taberna.

Análisis del contenido

1 Escucha atentamente y lee el fragmento *Esa amistad,* del escritor peruano Mario Vargas Llosa.

2 Explica la situación en la que se hallan los personajes al principio del texto: dónde están, qué están haciendo…

3 Rastrea en el fragmento todas las referencias a los rasgos de carácter, aspecto o procedencia social de los personajes.

4 Contesta las siguientes cuestiones sobre la relación que existe entre ellos:

- ¿Se conocen desde hace mucho tiempo?
- ¿Cuáles son los sentimientos de Santiago Zavala hacia los otros dos?
- ¿Cómo evoluciona la relación entre Santiago y Jacobo?

5 ¿Cuál es el tema más habitual en las conversaciones entre los protagonistas? Escribe todas las palabras del texto que hacen referencia a este asunto.

6 ¿Crees que son buenos estudiantes? Justifica tu respuesta.

7 ¿Ha vuelto Santiago a tener amigos como aquellos? Explica con tus palabras qué sentimientos le despierta la evocación de ese momento.

Análisis de la forma

8 Localiza las cinco ocasiones en las que aparece la forma verbal *piensa*.

- ¿Por qué crees que está conjugada en presente?
- ¿Desde la perspectiva de qué personaje se cuentan los hechos?

9 ¿En qué persona está narrado el texto? Justifica tu respuesta.

10 ¿Ha transcurrido mucho tiempo entre la situación que se relata y el momento en el que se encuentra Zavala al evocarla? Justifica tu respuesta con frases del fragmento.

11 Lee las oraciones del recuadro y realiza las actividades que se plantean debajo.

> *Los exámenes eran una broma, Aída no tenía de qué preocuparse, el presidente del jurado, un químico, sabía de letras menos que tú o yo. Había que contestar con seguridad, solo al que dudaba lo jalaba.*

- Transfórmalas en una intervención en estilo directo. Sigue el ejemplo:

  Y dijo Jacobo:

  —Los exámenes…
- Pásalas ahora al estilo indirecto, según se indica: *Y Jacobo dijo que los exámenes…*

12 Trata de explicar, teniendo en cuenta tus respuestas anteriores, de qué manera se introduce en el fragmento la voz de los personajes.

13 Localiza en el texto formas verbales y pronombres en segunda persona y señala los pasajes en los que Zavala se dirige a sí mismo.

Relación con el contexto

14 ¿En cuál de las dos etapas de la narrativa hispanoamericana situarías este texto? Justifica tu respuesta.

15 Explica qué temas y técnicas narrativas propias de la novela hispanoamericana se reflejan en el fragmento de Mario Vargas Llosa.

Texto I

MIGUEL DELIBES

Bibliografía imprescindible

La sombra del ciprés es alargada, El camino, Mi idolatrado hijo Sisí, La hoja roja, Las ratas, Viejas historias de Castilla la Vieja, Cinco horas con Mario, El príncipe destronado, Las guerras de nuestros antepasados, Los santos inocentes, El hereje.

Adaptaciones

Cine. *La guerra de papá* (1977). Dirección: Antonio Mercero. *Los santos inocentes* (1984). Dirección: Mario Camus. *El disputado voto del señor Cayo* (1986). Dirección: Antonio Giménez Rico. *Las ratas* (1998). Guión y dirección: Antonio Giménez Rico.

Teatro. *Cinco horas con Mario.* Dirección: Josefina Molina. Intérprete: Lola Herrera. *Las guerras de nuestros antepasados.* Dirección: José Sámano. Con José Sacristán y Juan José Otegui.

ABC, 13 de marzo de 2010

Texto II

Capilla ardiente

Se apaga el alma de Castilla

Miles de personas despiden en Valladolid al gran novelista, que falleció ayer en su casa.

HENAR DÍAZ. Valladolid

Ayer Valladolid amaneció gris y llorando, como si intuyese la pérdida de su más ilustre escritor contemporáneo. Poco después de las siete de la mañana fallecía, rodeado de los suyos, Miguel Delibes. [...] Durante todo el día miles y miles de ciudadanos se acercaron a la capilla ardiente del Ayuntamiento de Valladolid, representantes de distintas instituciones y personalidades del mundo de la cultura, pero también mucha gente anónima, porque «era un gran novelista» pero ante todo «una persona maravillosa, estupenda y cercana», recordaba Manuela Álvarez. También Mateo, que dejó la Escuela de Arquitectura poco antes de terminar sus clases. La ocasión lo merecía. «Miguel Delibes es un autor de referencia que hemos estudiado en el instituto y cuando esta mañana me he levantado y he visto que había fallecido no me lo creía». [...] Entre las decenas y decenas de coronas y ramos que llegaban, llamó la curiosidad una corona firmada por Pacífico Pérez, el personaje de la obra de Delibes *Las guerras de nuestros antepasados*, y que subió al estrado, entre otros, José Sacristán.

ABC, 13 de marzo de 2010

Texto III

Un hombre de verdad

Conocíamos la obra de Delibes y admirábamos al sorprendente y extraordinario escritor. Sorprendente y extraordinario porque su literatura, en un mundo en buena parte fantasmagórico y oscuro, era una mano que nos mostraba la realidad, una mano tendida hacia las cosas, hacia la vida. Me gustaría que al hacer resucitar estos recuerdos frente a este paisaje de tristeza, las pocas palabras con las que tengo que expresarlo hicieran latir aquellas realidades, paradójicamente ideales, que aprendimos de él: la amistad, la memoria, las palabras.

Conocíamos algunos libros de Delibes, pero la persona, de Miguel era tan luminosa y sugestiva como su obra. Se me inunda la memoria de momentos que han quedado en ese profundo hueco del pasado y que jamás se esfumarán en el olvido. Creo que mientras palpite el tiempo en el fondo de nuestro corazón vive en él la vida de aquellos que hemos perdido y que nunca podremos dejar de querer. Modesta, hermosa, melancólica y alegre forma de humana inmortalidad.

Emilio LLEDÓ

El País, 13 de marzo de 2010

Texto IV

DOCTOR.—*Es decir, que con tu tío Paco aprendiste más que en la escuela, ¿no es así, Pacífico?*

PACÍFICO PÉREZ.—*Aguarde, oiga, son saberes distintos, que una cosa son los libros y otra la vida, ¿no? Por un ejemplo, uno, en la escuela no aprende a mirar, ¿es cierto eso o no es cierto? Bueno, oiga, pues mi tío Paco me enseñó a mirar, que hay cosas que uno tiene delante de las narices y, por lo que sea, no las ve, ¿entiende? Pues a lo que voy, doctor, mi tío Paco me enseñó a mirar. Que, por él supe que nuestro pueblo era hermoso, que desde lo alto del Crestón veía los tejados del Humán y, alrededor, las ringleras de manzanos. Y, abajo, en la cuenca, el Embustes, espejeando, ¿entiende? [...] Y a un lado, la parroquia, ciega, oiga, como un castillo y, orilla suya, las tapias del camposanto. Y dentro, o sea, asomando, cuatro cipreses negros, que si soplaba el norte se cimbreaban como juncos. O sea, doctor, para que me entienda, yo aprendí a ver eso, y usted lo creerá o no, que es muy libre, pero solo de verlo yo me sentía como otro, que a días, a saber por qué, hasta me venían las ganas de llorar y todo.*

Miguel DELIBES

Las guerras de nuestros antepasados, Destinolibro

1 Lee atentamente los cuatro textos sobre el escritor Miguel Delibes y justifica si las siguientes afirmaciones son verdaderas o falsas.

- José Sacristán ha representado alguna vez el papel de Pacífico Pérez en la adaptación teatral de la novela de Delibes *Las guerras de nuestros antepasados*. ☐
- El pueblo en el que vivió su infancia Pacífico Pérez tiene un río, un cementerio y árboles frutales. ☐
- *Las guerras de nuestros antepasados*, de Miguel Delibes, es una obra de teatro. ☐
- Miguel Delibes era un autor escasamente conocido por el público en general. ☐
- Pacífico Pérez es un hombre que apreciaba mucho a Miguel Delibes. ☐
- Emilio Lledó no llegó a conocer personalmente a Miguel Delibes. ☐
- Manuela Álvarez y Emilio Lledó tienen una opinión parecida sobre Miguel Delibes. ☐

2 Identifica en los textos II y III los siguientes recursos estilísticos.

a) Dos metáforas.

b) Dos personificaciones.

c) Personificación y metáfora.

d) Metonimia y metáfora.

3 Localiza y explica las dos opiniones que se formulan en el texto II.

4 ¿Cuál de estas afirmaciones condensa de mejor manera la tesis que aparece formulada en el pasaje subrayado del texto III?

a) No dejaremos nunca de querer a las personas, aunque ya hayan muerto.

b) Existe vida después de la muerte.

c) Recordar a la gente que quisimos nos produce melancolía y alegría a la vez.

d) Cuando recordamos a las personas que quisimos y ya no están, de algún modo hacemos que no mueran del todo.

5 Justifica el empleo de los siguientes adjetivos en el texto III.

a) modesta

b) hermosa

c) melancólica

d) alegre

6 ¿Qué relación crees que existe entre los interlocutores del texto IV?

7 Indica qué afirmación refleja mejor las modalidades textuales presentes en los cuatro textos de esta página.

a) Exposición en el texto I, narración en el texto II y el texto III, y diálogo en el texto IV.

b) Hay exposición en el texto I; diálogo y descripción en el texto IV; el texto II tiene carácter narrativo y el texto III, argumentativo.

c) Exposición en el texto I y en el texto II; argumentación en el texto III y narración, diálogo y descripción en el texto IV.

d) Hay exposición en los textos I, II y III; en el texto IV hay diálogo y descripción.

8 A partir de tu respuesta en la pregunta anterior, localiza en cada fragmento algún rasgo lingüístico propio de la modalidad a la que pertenece.

9 Señala qué afirmación de las siguientes refleja mejor los tipos de textos al que pertenecen los textos II y IV propuestos en la página anterior.

a) El texto II es una noticia, el texto III es un artículo de opinión y el texto IV es literario.

b) El texto II es una noticia, el texto III es un artículo de opinión y el texto IV es una entrevista.

c) Los textos II y III son noticias; el texto IV, un fragmento de una novela.

d) Los textos II y III son artículos de opinión; el texto IV, un texto literario.

10 Justifica el empleo del *tú* y el *usted* en el texto de *La guerra de nuestros antepasados*.

11 Localiza, en las palabras de Pacífico Pérez, del texto IV, al menos tres ejemplos de rasgos característicos del registro oral.

12 A partir de tu lectura de los fragmentos anteriores, indica con qué variedad dialectal del español relacionarías a Miguel Delibes.

13 Realiza el análisis sintáctico de las oraciones.

a) Poco después de las siete de la mañana fallecía, rodeado de los suyos, Miguel Delibes.

b) Mucha gente anónima pasó por su capilla ardiente porque era un gran novelista.

c) Aquellos que hemos perdido vivirán eternamente en nuestro corazón.

d) Mi tío Paco me enseñó que el pueblo era hermoso.

14 **T** Escribe una carta al director de un periódico a propósito de la muerte de Miguel Delibes, autor que has estudiado en unidades anteriores. Recoge en ella todo lo que crees que supone su pérdida.